Gabriel García de Oro

Pensar com os Pés

Gabriel García de Oro

Pensar com os Pés

50 ideias redondas do mundo do futebol para melhorar a sua vida

Tradução
Maria Mateus

Planeta

Grupo Planeta

PLANETA MANUSCRITO
Rua do Loreto, n.º 16 – 1.º Direito
1200-242 Lisboa • Portugal

Título original: *Pensar con los pies*

Revisão: Clara Joana Vitorino

Paginação: Guidesign

1.ª edição: Janeiro de 2015

Depósito legal n.º 385 485/14

Impressão e acabamento: Guide – Artes Gráficas

ISBN: 978-989-657-506-9

www.planeta.pt

Dedicado aos heróis de todos os dias que,
incansáveis, saem dia a dia para o mundo,
onde jogam o desafio diário.

AQUECIMENTO

Um jogador argentino mítico nas décadas de 1940 e 1950, Ángel Labruna, disse em dada altura: «O futebol é o jogo mais difícil do mundo porque se joga com os pés, obedecendo à cabeça… e reparem na distância entre eles.»

Pela velocidade e carácter de imprevisibilidade do jogo, neste desporto, as dúvidas pagam-se muito caras. Um avançado recebe um passe que o deixa isolado em frente ao guarda-redes e, se pára um instante para pensar, os defesas já lhe roubaram a bola e a oportunidade perdeu-se. Acontece o mesmo com o guarda-redes que enquanto hesita um instante entre sair ou não dos postes… zás! Encaixa um golo!

Não lhe parece semelhante ao que se passa na vida?

Quantas oportunidades se perdem por falta de coragem ou de reflexo? Quantos planos fracassaram, mesmo antes de começarem, por culpa das dúvidas ou por esperar demasiado?

Em todas as partidas que jogamos na vida quotidiana há um tempo para a reflexão e outro para a acção. É bom meditar e analisar os factos, antes e depois de ocorrerem, mas quando chega o momento de agir é preciso deixar as dúvidas de lado e rematar à baliza.

Pode acertar ou falhar, mas pelo menos tentou.

A expressão «pensar com os pés», que muitas vezes se usa em tom pejorativo, tem neste livro uma abordagem claramente positiva: quando chegam as grandes oportunidades da vida, há que rematar à baliza e ver o que acontece, retirar o protagonismo à cabeça que quer ter tudo controlado e deixar que os pés – o nosso instinto e vontade de agir – determinem, por uma vez, o caminho.

Todos somos futebolistas na nossa vida quotidiana e enfrentamos, dia a dia, partidas mais ou menos difíceis. Conforme o adversário e a situação, há vezes em que nos convém o «jogo bonito» enquanto há situações na vida que precisam de um *catenaccio* ou de esperar para poder contra-atacar.

Para aprender a «pensar com os pés», encontra neste manual cinquenta capítulos sobre a maneira como podemos seguir a filosofia dos grandes treinadores e jogadores para a vida diária. De Cruyff, a Guardiola e a Mourinho, passando por outros génios do futebol, esta auto-ajuda redonda é um convite a dar menos voltas às coisas e chutar mais à baliza para conseguirmos o que desejamos.

Ivy Baker que, de 1953 a 1961, teve a seu cargo o Tesouro dos Estados Unidos, numa ocasião disse que «o mundo é redondo – como uma bola de futebol –, e o lugar que parece o final pode ser apenas o começo».

Vamos, então, começar.

Gabriel García de Oro

CAPÍTULO I

«Prefiro perder uma partida por nove golos que nove partidas por um golo.»

VUJADIN BOŠKOV

Vujadin Boškov, sérvio, foi um dos treinadores mais carismáticos do futebol. Conhecedor do mundo e dos bancos de equipas de futebol, treinou, entre outras, equipas como a Sampdória, Nápoles, Roma, Saragoça e Real Madrid. O seu estilo de jogo caracterizava-se por ser muito físico e directo, tal como as suas conferências de imprensa, onde não desaproveitava uma ocasião para lançar constantes pérolas, como por exemplo:

«FUTEBOL É FUTEBOL.»

«O FUTEBOL É IMPREVISÍVEL PORQUE TODOS OS JOGOS COMEÇAM COM ZERO A ZERO.»

«PENÁLTI É QUANDO O ÁRBITRO O APITA.»

À primeira vista, podem parecer frases simples, mesmo óbvias, mas é precisamente na sua simplicidade que reside a elegante ironia e profundidade.

Atentemos na frase que abre este primeiro capítulo. Matemática pura, sem dúvida. E uma derrota, por maior que seja, só custa três pontos, enquanto em nove jogos por um a zero, perdemos vinte e um pontos. E isso sim, pode eliminar-nos da prova.

Mas há mais, quanto mais volumosa for a derrota, maiores serão os ensinamentos a tirar dela.

Aplicado à vida diária, é melhor enganar-se muito uma só vez e aplicar as mudanças pessoais necessárias, graças ao erro, do que ir de um pequeno fracasso ao seguinte e nunca conseguir levantar a cabeça. Neste sentido, há um provérbio chinês que diz: «Se tens um problema que não sabes resolver, aumenta-o.»

Grandes e acertadas decisões vitais surgiram depois de sofrer nove golos (ou mais), que obrigaram a mudar por completo a estratégia. Um exemplo empresarial seria o despedimento de Steve Jobs da empresa que ele próprio criara. A partir dessa grande derrota, começou a etapa de maior êxito do fundador da Apple que acabou por voltar à empresa para a levar ao mais alto nível da excelência onde agora se encontra.

Uma grande queda é um convite para depois voar muito mais alto.

Com as derrotas futebolísticas aprende-se e, sem dúvida, as derrotas da vida são também uma fonte de inesgotável inspiração pessoal. Para isso temos de ser capazes de observar com sinceridade os erros que cometemos, as falhas que nos conduziram a essa situação. Desse modo, faremos do fracasso o nosso ponto de partida para o êxito. Como atingi-lo? Através da autocrítica. Há um método infalível que é o de seguir os três erres que contém a expressão «**grande erro**»:

– Reconhecimento

O primeiro r corresponde à atitude de reconhecermos que nos enganámos. Muitas vezes não queremos ver que algo não funciona ou que há alguma coisa que não estamos a fazer bem. Se não começarmos por assumir o erro, não temos forma de aprender.

– Responsabilidade
Não valem desculpas!
Não é ridículo que alguém que perdeu por nove golos venha queixar-se do estado do relvado? Pois, na nossa vida também é. Deixemos o relvado em paz.
Deixemos as desculpas para os que não querem aprender. Nós assumimos os nossos erros porque lhes damos um valor e queremos aprender com eles, transformamo-los nos nossos mestres pessoais. Depois de admitirmos todas as coisas que podemos melhorar, passamos ao terceiro r.

– Revolução
Do mesmo modo que um treinador que perde por nove a zero fará grandes mudanças na formação da equipa, também um grande fracasso na nossa vida pessoal exige uma mudança de rumo. Devemos revolucionar a formação com a nossa atitude. Ficam no banco todas as coisas que verificámos que não funcionam e preparamo-nos para enfrentar o jogo seguinte e o resultado com certeza será diferente.

O problema é que temos tanto medo de nos enganarmos, tanta ansiedade provocada pelo receio da derrota que, muitas vezes, preferimos não tentar nada de extraordinário para assim não chegarmos a maiores fracassos. Muitos planeiam um jogo defensivo para perder por poucos golos em vez de ir ao ataque. É um erro, mas um erro vazio.

Os erros que dão lugar a grandes aprendizagens são os que nascem da coragem de ter preferido um fracasso maravilhoso a um êxito medíocre.

1.ª LEI ESFÉRICA

Quanto maior é a derrota, mais proveitosa a lição.

CAPÍTULO 2

«Uma equipa de futebol é como uma orquestra, quanto mais tempo de treino o grupo tiver, melhor.»

CÉSAR LUIS MENOTTI

Estamos tão habituados a reverenciar o talento que com frequência nos esquecemos de que, por maior que seja o potencial de uma pessoa, este de pouco lhe serve sem preparação e trabalho.

O mundo do futebol é um claro exemplo disso. Muitos jogadores notáveis viram as suas carreiras terminar de repente, depois de um ano ou dois no topo, por pensar erradamente que continuariam a ser os melhores, sem necessidade de fazer mais sacrifícios.

Ao longo da sua carreira como treinador – levou a Argentina à vitória do Mundial em 1978 –, *El Flaco* Menotti conheceu a ascensão e queda desta categoria de deuses. Num ano era um ídolo mundial e pouco depois acaba a jogar em equipas de segunda linha, por culpa da falsa confiança de que o talento é suficiente para chegar a qualquer lado.

Se isto é assim no mundo do futebol, onde lutam pela fama homens de extraordinárias qualidades atléticas, que acontece com um talento mais comum quando alguém se propõe atingir um objectivo?

Todos temos capacidade para várias coisas e podemos destacar-nos, pelo menos, numa. Então, por que há pessoas que atingem os seus objectivos enquanto outras, talvez até mais dotadas, ficam pelo caminho? Onde se encontra a diferença entre umas e outras?

No seu ensaio *Fueras de Serie*, o jornalista Malcolm Gladwell defende que, para alcançar a excelência, em qualquer actividade, por mais talento que se possua, é preciso investir 10 000 horas de trabalho.

Dá como exemplo estudantes de violino ou empresários como Bill Gates. No seu estudo, analisou ainda a trajectória dos Beatles que, passando despercebidos em Liverpool, só depois de esgotantes digressões em espectáculos na Alemanha alcançaram a excelência que os catapultaria para a fama.

No seu livro, Gladwell explica-o assim:

> «Os Beatles viajaram para Hamburgo cinco vezes, entre 1960 e fins de 1962 [...]. Em pouco mais de ano e meio, actuaram duzentas e setenta noites. Na verdade, quando alcançaram o seu primeiro êxito em 1964, tinham actuado ao vivo cerca de mil e duzentas vezes. Para percebermos quão extraordinário é, convém saber que a maior parte dos grupos de hoje não actua mil e duzentas vezes nem sequer nas suas carreiras completas. A aprendizagem de Hamburgo foi uma das coisas que tornou os Beatles especiais. "Quando chegaram ali, eram totalmente inexperientes sobre o palco, mas tornaram-se muito bons", assegura Norman, o biógrafo dos Beatles. Não só ganharam resistência como tiveram de aprender uma enorme quantidade de temas e fazer versões de tudo o que se possa imaginar, desde o *rock and roll* até ao *jazz*. Antes de chegarem à Alemanha não possuíam qualquer disciplina cénica, mas quando regressaram tocavam como ninguém. Foi isso que lhes deu a fama.»

Este luminoso e musical exemplo é a prova que não basta ter talento. Todos conhecemos pessoas com muitas capacidades – às vezes, os melhores da nossa turma, quando crianças – que na idade adulta fracassaram por excesso de confiança nos seus méritos, por falta de esforço ou por ambas as coisas.

Sem persistência não se ganham os grandes desafios da vida.

Como a fábula da lebre e da tartaruga, o primeiro lugar não é para quem melhor começa, mas para quem consegue persistir até ao fim.

2.ª LEI ESFÉRICA

A aptidão facilita o caminho do êxito, mas a atitude é determinante.

CAPÍTULO 3

«A primeira regra da sobrevivência é que nada é mais perigoso que o êxito passado.»

LUIZ FELIPE SCOLARI

Scolari é um dos treinadores mais laureados do futebol mundial. Tratado com carinho por Felipão, ganhou desde a Taça do Brasil à Taça das Nações do Golfo, passando pelo Campeonato Brasileiro, pela Taça dos Libertadores, pela Recopa Sul-Americana ou pela Mercosul e, claro, pela Taça Mundial de Futebol do ano 2002, que tornou o Brasil pentacampeão.

Porém, não vamos falar de nenhum destes títulos, mas da Taça das Confederações que também conseguiu com a Canarinha.

Estádio do Maracanã, 30 de Junho de 2013. Chegaram à final duas das melhores selecções do momento: Brasil e Espanha, que chega com o propósito de defender duas Taças da Europa consecutivas e o primeiro lugar conseguido no Mundial da África do Sul em 2010. O resultado é lembrado por todos, o Brasil derrota a Espanha por 3-0 e mostra-se muito superior à *Roja*.

Como é possível uma diferença tão grande entre duas equipas do mais alto nível? A motivação, a vontade, a fome de vitória de uma equipa e de outra. E isto não quer dizer que os espanhóis não tivessem fome. O que aconteceu foi que os membros da selecção possuíam uma motivação extra graças ao treinador que, ao ver como se desenrolava o campeonato, decidiu escrever estas duas máximas num papel enorme, desses onde se esboçam as tácticas:

«A PRIMEIRA REGRA DE SOBREVIVÊNCIA É QUE NADA É MAIS PERIGOSO QUE O ÊXITO DE ONTEM.»

«OS NOSSOS SONHOS PODEM TRANSFORMAR-SE EM REALIDADE SE CORRERMOS ATRÁS DELES.»

Depois de escrever estas frases, Scolari sublinhou algumas palavras-chave. A seguir, afixou-as no balneário para que todos pudessem inspirar-se nelas.

Foi essa a táctica que usou para conseguir vantagem sobre o adversário, convencer os seus jogadores que Espanha, longe de ser invencível, estava debaixo dos efeitos do seu recente êxito. Transformou a força do adversário na força dos seus jogadores. E, além do mais, fê-lo com conhecimento total do que estava a dizer uma vez que ele mesmo, treinador vencedor de muitos títulos em diversos lugares, teve de sobreviver ao êxito.

Mas, como se faz? Que atitude devemos adoptar? Muitos falam dos perigos do êxito, mas poucos nos fornecem a vacina que nos imunize.

Uma das ferramentas mais poderosas para sobreviver ao êxito é a que o genial publicitário David Ogilvy chamava o «Descontentamento Divino» e definia assim:

«PRECISAMOS DE TER UM DESCONTENTAMENTO DIVINO EM RELAÇÃO AO NOSSO TRABALHO. É UM ANTÍDOTO CONTRA A VAIDOSA SATISFAÇÃO.»

Ogilvy propunha a fuga à autocomplacência, a esse estúpido orgulho que nos faz perder a perspectiva e, em consequência, os valores que nos levarão ao êxito. Devemos conservar-nos ambiciosos como quem nunca ganhou nada, com determinação e entusiasmo.

Este tipo de descontentamento é divino porque nos dá força, energia e firmeza para continuar em frente, como se começássemos do zero. Devolve-nos a pureza das crianças. Sobrar-nos-á tempo para voltar atrás e fazer balanços e estatísticas, se quisermos. Agora não! Temos muito caminho a percorrer, novos desafios, novas partidas, novas finais, novos projectos. E, se pudermos avivar o fogo do descontentamento divino, poderemos manter as pernas em forma para, como dizia Scolari no seu cartaz, correr atrás dos nossos sonhos.

E uma vez alcançado um, correr atrás de outro. Os sonhos são inesgotáveis.

3.ª LEI ESFÉRICA

Utilizemos o triunfo de ontem para alimentar o êxito de amanhã.

CAPÍTULO 4

«Quando marcas, és grande. Quando não marcas, estás gordo.»

RONALDO NAZÁRIO DE LIMA

Ronaldo foi um dos melhores avançados de todos os tempos. Ainda hoje lhe pertence o título de melhor marcador em fases finais da Taça do Mundo, com um total de quinze golos em dezanove jogos. Chamado *O Fenómeno*, Ronaldo granjeou a admiração e respeito de milhões de pessoas, mas foi também o centro de fortes críticas, sobretudo pela sua tendência para o excesso de peso em determinados momentos da carreira.

Curioso é constatar que, quando não marcava, era um gordo em má forma física, porém, quando marcava, era um génio da bola, com o mesmo peso, com a mesma barriga. Se a bola decidia entrar na baliza, voltava a ser *O Fenómeno*, se não, voltava a ser um pançudo.

Como o recebia Ronaldo? Com a perspectiva dos que se vêem expostos à opinião pública e sabem que não devem dar demasiada importância aos elogios nem às críticas. Recebia mesmo as censuras com sentido de humor, como por exemplo quando, numa entrevista, disse que os cavalos também têm barriga e correm mais do que qualquer humano.

– Perspectiva e sentido de humor

São estes os segredos para ouvir os comentários, negativos ou positivos. É preciso distinguir entre as críticas construtivas, que nos ajudam a melhorar, e os puros ataques maliciosos que apenas procuram minar a nossa auto-estima ou envaidecer o nosso ego. O que nunca se pode fazer é mudar de atitude para satisfazer quem nos critica. Se o fazemos, corremos o risco de nos acontecer o mesmo que acontece nesta história que se conta às crianças:

«Todas as manhãs, um camponês, ia à floresta buscar lenha. Mas não ia só. Acompanhava-o o filho e um lindo burrinho branco. Um dia, quando regressavam das suas lides, o camponês ouviu uns vizinhos que diziam:

– Olha o descaramento do pai e do filho, eles com as mãos nos bolsos e o pobre burrito tão carregado. É mesmo de quem não tem vergonha!

O humilde camponês ficou tão perturbado com as críticas que no dia seguinte decidiu dividir a carga. O filho levava metade e o burrinho a outra metade. Pensou que assim já não seria criticado pelos vizinhos. Enganou-se. Ao passar perto dos vizinhos, ouviu que comentavam:

– Que desavergonhado! Olha para ele com as mãos nos bolsos enquanto o filho e o burro vão carregados.

A verdade é que o camponês ainda ficou mais abalado com estas críticas do que com as do dia anterior e pensou que os vizinhos tinham razão. Não estava a ser justo e tinha de mudar de comportamento.

No dia seguinte, decidiu ser ele a levar a lenha do burro. Assim, tanto ele como o filho carregavam a lenha e com certeza os vizinhos já não o criticariam. Mas também se enganava. Ao passar diante dos vizinhos, ouviu-os, entre gargalhadas e em tom de gozo, dizer:

– Tal pai, tal filho! São parvos! Eles carregam a lenha enquanto o burro caminha tranquilo sem um único raminho em cima. Quem é o mais burro dos três? Ah… ah… ah…»

Na nossa vida, todos temos este tipo de vizinhos ou familiares, ou colegas de trabalho. São pessoas que se dedicam à crítica destrutiva e, façamos o que fizermos, não escapamos aos seus comentários.

Perante qualquer tipo de crítica é preciso saber ouvir, depois reflectir e, por fim, ver o que encerra de sensato e que nos pode servir para melhorar. Contudo, também é muito importante não nos deixarmos abalar pelas palavras de terceiros.

4.ª LEI ESFÉRICA

As críticas devem servir-nos para melhorar e mudar, mas nunca devemos mudar apenas para evitar as críticas.

CAPÍTULO 5

«Se tivermos a bola, eles não podem marcar.»

JOHAN CRUYFF

Este holandês, que reinventou o futebol enquanto jogador, foi conhecido por nomes como o *Túlipa de Ouro* ou o *Salvador*. Como treinador, mudou para sempre a história e filosofia deste desporto, graças à sua genialidade patenteada também através de frases que, pela simplicidade, nos provocam o sorriso.

Algumas delas têm a lucidez de um mestre *zen* e convidam-nos a reflectir com frieza sobre o funcionamento do mundo.

Vejamos algumas pérolas do que foi o Bola de Ouro em 1971, 1973 e 1974 e a seguir colocaria o FC Barcelona no topo do futebol mundial:

> «Se o adversário tiver dois avançados extraordinários, um excelente e outro perfeito, seria normal que puséssemos o nosso melhor defesa a marcar o excelente e o nosso mais notável defesa a marcar o mais brilhante avançado da outra equipa. Pois, não é assim, não o fazemos dessa maneira. O nosso bom marca o menos bom deles, menos um problema.»

«NÃO SOU CRENTE. EM ESPANHA, OS VINTE E DOIS JOGADORES BENZEM-SE ANTES DE ENTRAR EM CAMPO. SE RESULTASSE, SÓ HAVIA EMPATES.»

«SE A EQUIPA CONTRÁRIA TEM UM JOGADOR INTELIGENTE, QUE SE DESMARCA MUITO BEM, OPTAMOS SEMPRE PELA SOLUÇÃO MAIS SIMPLES, NINGUÉM O MARCA. SE NINGUÉM ESTÁ A MARCÁ-LO, NÃO SE PODE DESMARCAR.»

«HÁ UM ÚNICO MOMENTO EM QUE PODES CHEGAR A TEMPO. SE NÃO ESTÁS ALI, CHEGASTE DEMASIADO CEDO OU DEMASIADO TARDE.»

As lúcidas frases do génio holandês dariam para um livro inteiro porque são tão simples como ajuizadas e apontam para o senso comum que, como reza o ditado, por vezes é o menos comum dos sentidos.

Conta-se que, mesmo antes de uma final da Taça da Europa, em Wembley, Cruyff libertou os seus jogadores da pressão com a seguinte exortação: «Vão e divirtam-se.»

Cruyff considerava uma pena, depois de tanto sofrimento, chegar à final com medo de perder.

Diversão e simplicidade e não gastar energia em movimentos inúteis são dois pontos de vista do jogo da vida.

Nos nossos jogos de futebol quotidianos, muitas vezes gastamos sem necessidade as nossas forças em jogadas que não valem a pena, por exemplo a discutir, e quando chega o momento alto estamos esgotados.

Sobre isto, Cruyff dizia:

> «QUERO JOGADORES QUE CONSIGAM FAZER MOVIMENTOS DECISIVOS EM PEQUENOS ESPAÇOS. QUERO QUE TRABALHEM O MENOS POSSÍVEL PARA POUPAR ENERGIAS PARA AS ACÇÕES DECISIVAS.»

Para nos envolvermos nessa acção decisiva, devemos saber primeiro quais são os momentos de facto importantes.

Ter a bola – a iniciativa – para que não a tenham os adversários, que são o pessimismo e os nossos medos.

5.ª LEI ESFÉRICA

A solução mais simples é sempre a mais eficaz.

CAPÍTULO 6

«Se vejo lama, atiro-me de cabeça. Gosto dos desafios no mundo do futebol.»

DIEGO PABLO SIMEONE

O mestiço Simeone é um dos treinadores mais reconhecidos no Mundo. Irrompeu no panorama futebolístico com a conquista, na Argentina, do Campeonato de Abertura com o Estudiantes de la Plata e o Campeonato de Encerramento com o River Plate.

A seguir aceitou o desafio de viajar para Espanha, para tomar conta do Atlético de Madrid, clube que por essa altura carecia de profundas alterações.

Simeone, em poucos meses, conseguiu transformar o clube, conhecido historicamente por *El Pupas*, numa equipa vencedora e temida que já conquistou triunfos nacionais e internacionais. E continua.

A influência de Simeone marcou o mundo do futebol e escreveram-se alguns livros sobre a sua arte de liderança.

O treinador, originário de Buenos Aires, é capaz de transmitir o seu carácter lutador e inconformista. Força, energia e coragem fazem com que as suas equipas cresçam perante todos os desafios. Tal como o próprio afirma, quando vê lama, atira-se de cabeça. Considera os novos desafios como uma fonte inesgotável de crescimento pessoal.

Não se deixou ficar na sua zona de conforto, esse espaço que todos temos e onde nos sentimos cómodos, afastados do perigo. Fazemos o que sabemos fazer e fazemo-lo mais ou menos bem ou, por vezes, muito bem. No entanto, na zona de conforto não se progride, não se adquirem novas competências. Ali, permanecemos nos limites do conhecido. Com esse tipo de atitude nunca teríamos aprendido a nadar ou a andar de bicicleta. Que monotonia!

A **zona de conforto** é necessária para descansar de vez em quando, mas é também imprescindível ampliá-la para ir mais além, lançarmo-nos de cabeça na lama do desconhecido.

Vejamos as três zonas onde se desenvolvem, de forma progressiva, os jogos da nossa vida:

– Zona de risco

É o momento da insegurança, todavia positiva já que coloca em alerta a nossa concentração. Sabemos que podemos cair da bicicleta e temos o corpo preparado para a queda.

– Zona de erro

Caímos, mas levantamo-nos. Falhamos, mas com o erro aprendemos. Se à primeira queda desistimos, tornamos a zona de erro eterna, mas, se insistimos uma e outra vez, os resultados chegarão. E, depois de aprendermos, conseguimos passar à zona a seguir.

– Zona de satisfação

Quando saímos da zona de conforto e provamos que somos capazes de conseguir aquilo que nos propuséramos, entramos na zona de satisfação, com orgulho e forças renovadas, mas que seja por pouco tempo. Não podemos adormecer ali. Já demonstrámos que temos força interior capaz de superar os nossos limites, de conquistar novos territórios, novos desafios. É uma zona de motivação, não deveria transformar-se em zona de autocomplacência.

Estas zonas funcionam como engrenagens da máquina do nosso crescimento pessoal. Sem zonas de conforto não há segurança, sem risco não há progresso, sem erro não há aprendizagem e sem satisfação não há recompensa que nos motive para começar novo processo.

6.ª LEI ESFÉRICA

O progresso individual e os novos êxitos encontram-se sempre fora da zona de conforto.

CAPÍTULO 7

«Se estás na área e não sabes que fazer com a bola, mete-a na baliza e depois discutimos as opções.»

BILL SHANKLY

No caminho entre o balneário e o terreno de jogo do Liverpool, há uma mítica placa que adverte os rivais que *This is Anfield*. Este treinador lendário mandou afixá-la «para recordar aos nossos rapazes a camisola que defendem e aos nossos adversários contra quem vão jogar», segundo as suas próprias palavras.

O Liverpool equipa totalmente de vermelho para incutir medo e respeito ao opositor, sugeriu o treinador, o mesmo homem que tem uma estátua à entrada do estádio, com a legenda: *He made people happy*.

Falamos de William (Bill) Shankly, o treinador do Liverpool que nos anos 1960 e 1970 converteu uma equipa, que se arrastava na segunda divisão, nos temidos *Diabos Vermelhos*. Em Inglaterra, é considerado o melhor treinador de todos os tempos ou, no mínimo, o mais carismático. Além disso, este escocês, membro da Ordem do Império Britânico, deixou para a posteridade um bom número de frases, carregadas de ironia, como as que dirigia ao eterno rival da cidade, o Everton.

«SE O EVERTON JOGASSE NO MEU JARDIM, CORRIA AS CORTINAS.»

«QUANDO NÃO TENHO NADA QUE FAZER, OLHO PARA A CAUDA DA CLASSIFICAÇÃO PARA VER COMO ESTÁ O EVERTON.»

«ESTA CIDADE TEM DUAS GRANDES EQUIPAS, O LIVERPOOL E A EQUIPA B DO LIVERPOOL.»

Além de nos fazer sorrir, Bill Shankly leva-nos também a reflectir, com frases como a que abre o capítulo que nos fala de nos deixarmos levar pela intuição e começar a «jogar com os pés», agir por instinto, fluir com os acontecimentos.

No futebol é muito claro: um jogador, frente a uma clara ocasião de golo, deve actuar, chutar, meter a bola nas redes e comemorar. Se pensar duas vezes, perde o momento. O problema é que na vida, na nossa vida, nem sempre temos tanta certeza e, às vezes, damos tantas voltas às coisas que acabamos por não fazer nada. Perdemos a nossa ocasião de golo.

Este processo é conhecido por «paralisia por análise», um mal muito comum nos nossos dias.

O excesso de reflexão, querer contemplar todas as possibilidades e avaliar cada uma das consequências, leva-nos à inactividade, a que as coisas fiquem como estão. Uma indecisão circular provocado pelo pavor do equívoco.

A paralisia por análise pode camuflar-se de perfeccionismo, isto é, não começamos um projecto com a desculpa de que isto ou aquilo ainda não está pronto, mas o que na realidade acontece é que a possibilidade de fracassar nos paralisa.

Porém, tal como o futebolista que se encontra na área com a bola nos pés, a única maneira certa de fracassar é não chutar, não tentar.

Além de pensar com os pés, existem alguns segredos para desbloquear uma situação de paralisia por análise, que nos ajudarão a passar à acção.

- Estabelecer um **período de reflexão** ou procura de informação concreta e não muito longa.
- Marcar no calendário o **dia de início** da acção.
- Estabelecer pequenas **metas intermédias** para não desanimarmos durante o processo.
- Assinalar um **dia para finalizar** o projecto.

A excelência é o resultado de um percurso. Há coisas que queremos fazer tão bem e com tanta perfeição, que acabamos por nunca as começar. Projectos que sobrevoam eternamente o nosso mundo das ideias sem nunca nos decidirmos a fazê-los aterrar. A única maneira de os tornar realidade é passá-los à acção.

Há que chutar à baliza ainda que o disparo leve a bola ao terceiro anel.

Se continuar a chutar, a bola entrará.

7.ª LEI ESFÉRICA

Os golos na vida quotidiana são fruto das vezes que chutamos à baliza.

CAPÍTULO 8

«Para jogar futebol não se deve sofrer. O que se faz com sacrifício não pode sair bem.»

CARLES REXACH

Este homem do futebol, hoje assíduo nas tertúlias desportivas, detém o recorde de tempo com contrato com o FC Barcelona, que durou 44 anos: 5 como jogador da *cantera*, 17 como jogador da primeira equipa e 22 como membro do corpo técnico, braço direito de Johan Cruyff durante os seus oito anos no banco.

Porém, neste manual concentramo-nos em algumas frases suas, de quando era um extremo-direito de grande categoria, incómodas mas cheias de sentido. Na posição onde jogava esperavam-se dele grandes arrancadas, campo acima, campo abaixo, mas por vezes o público enervava-se perante a passividade ou a falta de agressividade que mostrava em certos momentos do jogo.

Foi então que *Charly*, como era chamado com carinho, a uma pergunta sobre a sua atitude, respondeu com uma das suas frases que já aí se associavam à sua pessoa: «Eu não corro, porque correr é próprio de cobardes.»

Que queria dizer com isto? Significava que o jogador devia ficar de braços cruzados enquanto o jogo decorria à sua volta?

Claro que não! O que Rexach referia era um conceito que mais tarde Guardiola, já treinador, perfilharia: **o que deve correr é a**

bola, não o jogador. Se o futebolista estiver bem posicionado, conseguirá resultados muito melhores com menor esforço.

De novo, a filosofia Cruyff ao poder.

Que significa na vida do dia-a-dia estar bem posicionado?

Não mais do que estar no lugar certo, na hora certa. Optimizar a energia para obter o máximo rendimento.

Sobre isto, o norte-americano Timothy Ferriss explica, no seu livro *A semana laboral de 4 horas*, como graças a esta perspectiva conseguiu aprender seis idiomas e chegar a campeão nacional de *kickboxing* na China. Para o conseguir, aprendeu a utilizar melhor os seus recursos para não correr como «frangos sem cabeça», como disse uma vez Toshack referindo-se aos seus jogadores.

A especialista em *lifestyle* Mariana Zanetti aponta a importância do chamado «Princípio 20/80», que Tim Ferriss defendia no seu livro:

> «Quais são os 20% das causas que dão origem a 80% dos seus problemas? Quais são os 20% das coisas que causam 80% da sua felicidade e lhe dão 80% dos resultados que procura? Assim, Ferriss passou um dia inteiro a analisar toda a sua vida profissional e pessoal, os seus clientes, a sua estratégia de comunicação, o ócio, os seus amigos. Vinte e quatro horas depois, tomou várias decisões difíceis, ao nível emocional, mas que mudaram a sua vida, da noite para o dia: deixou de contactar 95% dos clientes e literalmente "despediu" 2% para se concentrar em 3% de uma maneira mais produtiva. A seguir, analisou as características dos 3% de clientes restantes, para procurar outros clientes com as mesmas características. O resultado? Num mês passou de cento e vinte a oito clientes e os seus lucros mensais aumentaram de trinta mil dólares para sessenta mil, ao mesmo tempo que a sua semana de trabalho passou de oitenta a quinze horas. E ele sentia-se em paz, mais optimista e mais livre que nunca. Um resultado mágico!»

Vale a pena analisarmos a nossa vida quotidiana – sem deixar de chutar à baliza quando surgir a ocasião – para não corrermos como cobardes e alcançarmos os nossos objectivos sem sofrimento.

8.ª LEI ESFÉRICA

Se investir o seu tempo e energia em acções decisivas, não terá de se extenuar a correr sem sentido.

CAPÍTULO 9

«Defino-me como um obreiro das oportunidades.»

FRANZ BECKENBAUER

Em vez de nos determos sobre os êxitos de um homem que dispensa apresentações, uma vez que o *Kaiser* é reconhecido como o maior futebolista da história da Alemanha – conquistou o Mundial de 1972, como capitão da sua equipa, e o de 1990, como seleccionador – vamos fazer contas:

Um grande «obreiro das oportunidades» é o que consegue manobrar com mais inteligência a divisa que jamais perde valor: o tempo. Um segundo faz a diferença entre um bom passe ou um passe tardio, assim como a decisão de beijar uma pessoa que pode vir a ser o amor da nossa vida.

As horas, minutos e segundos da nossa existência são as nossas oportunidades. Damos-lhes o valor que merecem?

Um texto de um autor desconhecido, citado por Eugenio García González, propõe a seguinte reflexão:

> «Imagine que existe um banco que, todas as manhãs, deposita na sua conta a importância de oitenta e seis mil e quatrocentos euros.
>
> Esse estranho banco, ao mesmo tempo, não transfere o seu saldo de um dia para o outro. Todas as noites elimina da sua conta o saldo que não gastou.

Que faria? Calculo que, todos os dias, levantava o valor que não gastara, não é verdade?

Pois bem, cada um de nós tem esse banco e o seu nome é Tempo.

Todas as manhãs, esse banco põe na sua conta oitenta e seis mil e quatrocentos segundos e, todas as noites, exclui da sua conta e dá como perdido o saldo que não investiu em algo proveitoso.

Esse banco não transita saldos de um dia para outro. Todos os dias, abre uma conta nova. Todas as noites, elimina o saldo desse dia.

Se não usa o saldo durante o dia, quem perde é você. Não pode fazer marcha atrás.

Não existem movimentos por conta da entrada de amanhã, tem de viver o presente com o saldo de hoje.

Perante isto, um bom conselho é que deve investir o seu tempo de maneira a conseguir o melhor na saúde, felicidade e êxito.

O relógio segue a sua marcha... aproveite o máximo de cada dia.

Para perceber o valor de um ano, pergunte-o a um estudante que teve de repetir.

Para perceber o valor de um mês, pergunte-o a uma mãe que deu à luz um bebé prematuro.

Para perceber o valor de uma semana, pergunte-o ao editor de um semanário.

Para perceber o valor de uma hora, pergunte-o aos apaixonados que esperam para se encontrar.

Para perceber o valor de um minuto, pergunte-o ao passageiro que perdeu o comboio.

Para perceber o valor de um segundo, pergunte-o a uma pessoa que esteve perto de sofrer um acidente.

Para perceber o valor de um milésimo de segundo, pergunte-o ao atleta que conquistou uma medalha de prata nos Jogos Olímpicos.

Guarde cada minuto vivido, e esse tesouro terá muito mais valor se o partilhar com alguém especial, tão especial que lhe queira dedicar o seu tempo... e lembre-se que o tempo não espera por ninguém.»

9.ª LEI ESFÉRICA

O tempo é mais que ouro,
é o nosso único tesouro.

CAPÍTULO 10

«A bola é redonda. Num dia estás bem, noutro estás mal.»

NEYMAR JR.

Com apenas quatro meses, Neymar sofreu um acidente de viação que, por pouco, não lhe custava a vida. Aconteceu quando o carro em que viajava com os pais capotou e ele ficou preso debaixo do assento. O pequeno Ney sobreviveu. O que podia ter sido uma tragédia converteu-se, por sorte, numa dessas histórias familiares de onde extrair inspiração.

Talvez por isso Neymar tenha tão presente que a vida dá mais voltas que uma bola durante os noventa minutos de um jogo. Mas não apenas a vida, também nós.

Somos filhos da mudança. Num dia estamos bem, noutro mal. Por vezes, sem aparente explicação, sem que nenhum acontecimento externo tenha influência. Deixamos de ter força e energia positiva e passamos a estar tristes, taciturnos e preocupados. Contudo, apesar de nos provocarem mal-estar, todos os estados de ânimo são necessários, tanto os positivos como os negativos porque cada um de nós é uma maravilhosa paisagem e os diferentes estados de espírito, o nosso clima. O tempo muda, às vezes chove, às vezes faz sol e há alturas em que sopra vento.

O nosso clima, rico e variado, configura a nossa paisagem interior. E se bem que seja inútil desejar que nunca chova, o mais inteligente é minimizar os dias maus e maximizar os bons. Como disse Neymar, há dias de tudo e a bola gira, mas se ele é uma estrela mundial é porque tem muito mais dias bons do que maus. Para isso treina e tem cuidados com a alimentação.

Como qualquer desportista de elite, Neymar tem consciência de que o seu rendimento tem uma ligação muito directa com a sua alimentação.

No terreno de jogo da nossa vida, apesar de não sermos futebolistas, a alimentação é fundamental para ter mais dias bons que maus. De acordo com um estudo publicado no *American Journal of Psychiatry*, existe uma relação directa entre a alimentação e o estado de ânimo. As pessoas que consomem mais alimentos processados e pré-cozinhados têm um risco mais elevado de sofrer uma depressão do que aquelas que fazem uma alimentação mais equilibrada e nutritiva.

Existem, além disso, alguns alimentos que nos dias difíceis nos podem ajudar a fortalecer, a abrir as nuvens e iluminar o céu. Se tivéssemos de fazer uma selecção de **alimentos vencedores**, seria este o onze ideal:

1. Chocolate negro
Activa as regiões cerebrais do prazer e a recompensa é perfeita para nos protegermos da irritação.

2. Castanhas-do-pará
São a melhor fonte natural de selénio, uma substância que ajuda, por exemplo, a combater o envelhecimento e atrair bom humor.

3. Espinafres
Ricos em ácido fólico, ajudam-nos a ter energia positiva.

4. Carne de peru
Contém alto índice de triptofano, ajuda a combater a ansiedade e os estados de *stress*.

5. Arandos
Ajudam a preservar o correcto funcionamento do cérebro e a aumentar a potência dos sinais que os neurónios emitem.

6. Sementes de girassol
Graças à quantidade de vitaminas B1, são um verdadeiro estímulo tanto para a memória como para a função cognitiva.

7. Chá verde
Uma chávena de chá verde não só ajuda a relaxar como também a combater a fadiga cerebral e a melhorar a memória.

8. Banana
Conhecida como «a fruta dos sábios», tem inúmeras propriedades, como a energia que dá ao nosso organismo.

9. Cereais com leite
Contêm vitamina B1, a conhecida «vitamina do ânimo» que ajuda a começar o dia com bom humor.

10. Salada de algas marinhas
Uma salada de algas marinhas fornece iodo que alivia o cansaço.

11. Salada de frutas
Uma salada de frutas composta por pêssegos, figos, morangos regados com sumo de laranja fornece-nos ferro para combater o mau humor e a fadiga.

Mas, além desta lista de onze alimentos, é importante seguir uma alimentação quanto mais variada melhor, para estarmos em plena forma quando tivermos de fazer jogadas decisivas e usufruir de mais dias bons do que maus.

10.ª LEI ESFÉRICA

Aprenda com os maus dias e promova os bons com hábitos saudáveis.

CAPÍTULO II

«O futebol não é um desporto perfeito. Não podemos pretender que o árbitro o seja.»

PIERLUIGI COLLINA

Os árbitros são as grandes vítimas deste desporto onde estão em jogo as ilusões de milhões de pessoas. Os que sofrem um resultado adverso muitas vezes descarregam a sua ira no árbitro, chegando a extremos como o publicado no jornal italiano *Il Messagero*: «Não são árbitros, são ladrões de sonhos.»

Nem sequer o mítico Pierluigi Collina, considerado o melhor árbitro de todos os tempos, escapou em algumas ocasiões à ira dos adeptos. O que também é conhecido no seu país como *Cabeça de Dragão* comentava o seguinte sobre a sua profissão:

> «NINGUÉM IMAGINA O QUE UM ÁRBITRO SOFRE QUANDO FALHA. ESTÁ SÓ. OS JOGADORES SÃO DERRUBADOS NO CAMPO, MAS, QUANDO UM ÁRBITRO SE ENGANA, A DECEPÇÃO É TERRÍVEL.»

É difícil ser um árbitro de prestígio internacional, como foi Collina, e não aspirar à perfeição na tomada de decisões. De facto, todos tememos falhar nas nossas responsabilidades do dia-a-dia.

Mas, cuidado, porque um empenho excessivo no perfeccionismo pode arrastar-nos para o resultado contrário.

Num artigo sobre a essência imperfeita do ser humano, a artista Franzi Rosés refere deste modo as limitações e possibilidades do nosso próprio centro de operações.

> «David Linden, professor de Neurociência na Universidade Johns Hopkins, de Baltimore, e um dos mais reconhecidos investigadores, na actualidade, do funcionamento do cérebro, declara que a nossa massa cinzenta não é a máquina de engenharia perfeita que sempre julgámos ser.
>
> Apesar de a sua capacidade ser enorme, e poder ser muito maior, nem a sua concepção nem as funções que exerce são extraordinárias.
>
> Deixando de lado a infinita capacidade de adaptação ao meio ambiente e de superação de obstáculos, o certo é que com demasiada frequência o cérebro se vê obrigado a procurar soluções rápidas e inesperadas. A sua forma de encontrar resolução para as dificuldades da evolução não é conduzida por um cérebro organizado que sabe a direcção a seguir para superar obstáculos, mas que antes os resolve através de consertos. E são precisamente estes remendos que ajudam o órgão a gerar novas sensibilidades e emoções e assim transformam o ser humano numa máquina com coração e portanto genialmente imperfeita.»

Perante esta declaração de Franzi Rosés, percebemos que a perfeição, isenta de erros, é uma aspiração tão humana como impossível, já que nem sequer a natureza é perfeita nas suas formas e expressões. A casca da árvore é rugosa, as montanhas alteram-se pela erosão e a vida está exposta a mudanças, ao declínio e renascimento constantes.

O que há a fazer é admitir a nossa natureza imperfeita e, voltando aos árbitros, pelo menos não nos convertermos em juízes de partidas que ninguém nos convidou a arbitrar.

Quando julgamos os outros, estamos a aplanar o campo para o erro, uma vez que desconhecemos muitas das coordenadas que determinam o jogo dos outros. Além disso, «o que critica confessa-se», frase atribuída a Baltasar Gracián sobre a tendência humana para ver de fora defeitos de que enferma o próprio.

11.ª LEI ESFÉRICA

Se não quer ser conotado como mau árbitro, não julgue em campos para onde não foi chamado.

CAPÍTULO 12

«O único desenho válido do futebol é o que se traça com a bola, nunca o que se faz com o giz.»

DANTE PANZERI

Dante Panzeri, jornalista da emblemática revista argentina *El Gráfico*, deixou-nos a sua visão do futebol num imprescindível livro, *La dinámica de lo impensado*. Nas suas páginas advertia para os perigos que já na altura (finais da década de 1960) assolavam o desporto rei, através do *show business* de gabinete e gravata.

Pelo contrário, ele acreditava na pureza do espectáculo: «O futebol, para ser sério, tem de ser jogo.»

Panzeri tinha consciência do lado ilógico, inesperado e mágico deste desporto, que considerava «uma ciência oculta, impossível de ser ensinada». E se há algo ilógico, inesperado, mágico e impossível de se ensinar é a própria vida. Apesar disso, queremos dominá-la, ordená-la e estruturá-la com planos.

Poderíamos definir o ser humano como mamífero que planeia, e John Lennon já nos advertiu que «a vida é o que te acontece enquanto estás ocupado com outros planos».

O certo é que nos últimos tempos se tornou moda a planificação, empresarial e pessoal. Psicólogos, *coachers* e *gurus* de todo o género apregoam as vantagens de fazer planos, alcançar objectivos e conseguir resultados a curto, médio e longo prazo. Porém, estão a levantar-se vozes que asseguram que fazer planos pode mesmo chegar a ser contraproducente.

A verdade é que, como acautela Panzeti, uma coisa é a táctica que se escreve momentos antes de começar a partida, e outra, muito diferente, a que acontece quando a bola está a rodar. Quando o jogo começa, por mais minuciosos e providenciais que queiramos ser, devemos **adaptar-nos às circunstâncias**, ser flexíveis o suficiente para reagir aos acontecimentos, positivos ou negativos.

A flexibilidade face ao que acontece (que nos acontece) é fundamental.

Em 2012, a *Harvard Business Review* publicou um artigo onde combatia a desmesurada teoria da planificação. O autor, Peter Bregman, conferencista e consultor das principais empresas do Mundo, demonstra que estabelecer objectivos concretos provoca frustração, ansiedade e desespero.

É importante assumir que, apesar dos nossos esforços, nem sempre se alcançam os objectivos desejados, por muito bem e com muita vontade que se trabalhe. Às vezes, joga-se muito bem uma partida e apesar disso não se consegue a vitória. Que fazer, então? Abandonamos a nossa filosofia de jogo? Damo-nos por vencidos? Ficamos tristes?

Não! O que Bregman propõe é que determinemos «espaços de melhoria». Deste modo, trabalhamos a longo prazo com uma aposta na transformação e no crescimento.

Uma atitude apenas com vista ao resultado pode confundir-nos e por detrás de um objectivo cumprido pode esconder-se um demolidor efeito secundário. Bregman ilustra a sua proposta com um exemplo que podemos transpor para o futebol.

Imaginemos que um médio-centro está a fazer demasiados passes mal direccionados e propõe-se um objectivo razoável, que os adversários cortem menos passes. Depois de três jogos, consegue-o. O nosso médio-centro erra menos passes, o que se reflecte no resultado. Uma visão mais aprofundada mostrar-nos-á que, durante aqueles três jogos, fez menos passes. Não arriscou tanto. O resultado foi conseguido, mas o efeito secundário é que agora este jogador faz menos assistências para golo e tanto a sua equipa como o seu rendimento ressentem-se.

Por isso, devemos trabalhar o aspecto mais vasto das nossas capacidades. Afinal, é melhor estabelecermos âmbitos de melhoria pessoal do que fixarmo-nos apenas e só nos resultados. É possível que, mesmo a jogar muito bem, se perca um jogo, mas é muito mais complicado, a jogar mal, ganharmos mais de duas partidas seguidas.

12.ª LEI ESFÉRICA

Nunca te deixes cegar pelos resultados positivos ou negativos.

⚽⚽⚽

CAPÍTULO 13

«Não me agrada que os jogadores digam "Vamos, vamos..." Para onde querem ir? Fiquem e joguem!»

CARLOS BILARDO

O autor desta frase é um dos homens mais eloquentes e carismáticos do futebol argentino. Depois da fase de médio-centro no San Lorenzo de Almagro e no Estudiantes de la Plata, onde também foi treinador, exerceu funções de comentador no Fox Sports.

A citação que abre este capítulo refere-se ao presente. No campo, como na vida, não contam os jogos passados nem os futuros. Para o êxito de um futebolista, este tem de se empenhar no restrito aqui e agora.

Quem sai do aqui e agora para se projectar no passado ou no futuro tem, à partida, o jogo perdido.

Sobre isto, uma história antiga conta que um homem decidiu passar algumas semanas num mosteiro, no Nepal. Certa tarde, entrou num dos numerosos templos e encontrou um monge sentado no altar a sorrir.

Perguntou-lhe por que sorria e o monge respondeu:

– Porque percebo o significado das bananas.

Dito isto, abriu o saco que levava e tirou de lá uma banana podre.

– Esta é a vida que passou e não foi aproveitada no momento próprio, agora é tarde de mais.

A seguir, extraiu do saco uma banana ainda verde, mostrou-a ao visitante e voltou a guardá-la, enquanto dizia:

– Esta é a vida que ainda não chegou. É preciso esperar o momento adequado.

Por fim, tirou uma banana madura, descascou-a e partilhou-a com ele.

– Esta é a vida no momento actual. Alimenta-te com ela e vive-a sem medos e sem culpas.

13.ª LEI ESFÉRICA

O passado proporciona lições e o futuro permite sonhar, mas o jogo da vida joga-se aqui e agora.

CAPÍTULO 14

«Aprendo até com as crianças na praia. Talvez porque o meu futebol tenha algo de infantil, divirto-me como uma criança.»

RONALDINHO GAÚCHO

O toque de calcanhar, o chapéu, o drible de vaca, de costas, a bicicleta, o carrinho... Ronaldinho, conhecido como *Mágico de Porto Alegre*, dominava todos estes recursos e alguns que ainda não têm nome.

Falamos, sem dúvida, de um jogador diferente, criativo, imaginativo, carismático. Um desenho animado em acção que militou nas fileiras de grandes equipas, mas que também foi capaz de tornar maiores as equipas por onde passou.

Qual é o seu melhor atributo? Esse não está nos seus pés, mas no sorriso contagiante que transmite diversão e nessa maneira de jogar, infantil, despreocupada e alegre. É essa a sua arma secreta e deveria ser também a nossa.

Divertirmo-nos a jogar, como quando éramos crianças e não parávamos de aprender e de brincar. É lamentável que, a partir de certa idade, uma atitude de jogo, o *playfulness*, seja penalizado socialmente. Nesse caso, estamos a penalizar uma das fontes de crescimento pessoal mais importantes que temos.

Felizmente, as coisas estão a mudar. Existe um novo termo psicológico, denominado **défice de diversão**. Esta carência manifesta-se em pessoas que não têm tempo nem espaço para se divertir, por simples prazer. Divertir-se sem outra finalidade que a diversão em si mesma, ou seja, a mesma atitude com que as crianças brincam e que muitos adultos consideram perda de tempo.

Grande erro!

Com uma atitude lúdica combatemos o *stress*, renovamos e revigoramos as nossas relações, fomentamos a harmonia interior e aliviamos as pequenas tensões do dia-a-dia.

Brincar é recrear-se, evoluir, crescer e encher-se de energia positiva. Não há melhor antídoto para a rotina de um casal, por exemplo, nem forma mais eficaz de educar os filhos e estar bem com os amigos.

E os benefícios de uma atitude jovial não ficam por aqui.

Cada vez são mais as empresas multimilionárias que descobrem que os trabalhadores rendem mais e são mais felizes num ambiente lúdico, um ambiente de recreação que potencie as capacidades imaginativas de cada um. Nos escritórios da Google, na Suíça, por exemplo, existe um escorrega. Um escorrega!

À primeira vista pode parecer mais um parque infantil do que a sede de uma das grandes empresas do século XXI, mas as coisas mudaram. A criatividade transformou-se na ferramenta essencial para enfrentar os desafios do novo panorama laboral e cresce e desenvolve-se com o *playfulness*.

Esta atitude de jogar sem competir, paradoxalmente, torna-nos mais competitivos. Tal como acontece com Ronaldinho, pois não é em vão que falamos de um dos melhores jogadores da nossa era. E que faz Ronaldinho? Diverte-se, aproveita, sorri... mas também ganha. Em sua casa guarda troféus nacionais e internacionais, individuais e colectivos. Entre um sorriso e outro, é competitivo e mortífero para os seus adversários.

Um exemplo: *Dinho* conseguiu marcar o seu primeiro golo, pelo FC Barcelona no dia 3 de Setembro de 2003, a uma distância de 25 metros da baliza. O golo foi tão impressionante e foi tal a reacção do público que via o jogo que a comemoração foi detectada pelo sismógrafo da cidade.

Se quer produzir terramotos de celebração no seu dia-a-dia, leve o jogo muito a sério e aprenda, como Ronaldinho, com as crianças que brincam na praia.

14.ª LEI ESFÉRICA

Jogar por simples prazer é um empreendimento muito sério para potenciar a criatividade.

CAPÍTULO 15

«Não há pior castigo que nascer bola para ser pontapeada por um inglês em Wembley.»

PELÉ

De entre todos os artistas da bola que protagonizam este manual inspirador, Edison Arantes do Nascimento não precisa de qualquer apresentação, nem faz falta que se exponham aqui os seus êxitos.

Além de um desportista extraordinário – ele mesmo disse: «Nunca haverá outro Pelé. A minha mãe e o meu pai fecharam a fábrica e destruíram o molde» –, o *Rei* sempre se caracterizou por ser uma pessoa comedida. Quando fala, ouvem-no e com razão.

> «Para se impor, o treinador deve ter bons conhecimentos e inspirar confiança. Não pode ser verdugo. Esse erro costuma pagar-se caro porque as grandes equipas, como as grandes empresas, constroem-se com unidade e respeito mútuo, não à chicotada.»

Filho de um modesto avançado, chamado Dondinho, que surpreendeu Pelé a fumar, na fase da adolescência, disse-lhe: «Não deves fumar se queres ser futebolista profissional, mas, se o fazes, toma dinheiro para comprares tabaco. Não andes por aí a pedi-lo.»

Este conselho, dado com carinho e respeito, como os bons treinadores, tocou tão fundo o futebolista que nunca mais voltou a acender um cigarro. Em vez disso, aprendeu *karaté*, durante a sua permanência nas categorias inferiores do Santos, que o ensinou a cair, a saltar e a manter o equilíbrio. A sua resistência, perante os defesas rivais, atribuiu-se a esta formação.

Conta-se que em 1958, durante o mundial de futebol que decorria na Suécia e que acabaria por ser conquistado pela Canarinha, algumas jovens locais assediavam os jogadores brasileiros e «penduravam-se nos nossos braços, quando íamos às compras», segundo as palavras do seu companheiro Pepe.

Contudo, nada disto retirou a Pelé a humildade e a paixão pela simplicidade. Após deslumbrar o mundo inteiro, conta-se que, ao regressar a Santos, o *Rei* viu algumas crianças que brincavam no campo onde ele costumava correr e pediu-lhes para jogar com elas. A estrela vestiu, então, uns calções, tirou os sapatos e jogou descalço.

Sempre preferiu o estilo ao *resultadismo*, como demonstra a sua afirmação que encabeça este capítulo.

Um dos acontecimentos mais insólitos da sua vida: em 1969 a Nigéria e um grupo armado do Biafra fizeram uma trégua de 48 horas, na guerra civil que travavam, apenas para verem Pelé jogar em Lagos. Todas as garantias de segurança foram asseguradas e o resultado foi 2-2, no jogo entre o Santos e a selecção nigeriana.

Depois de perder a final do Mundial do México de 1970, o italiano Tarcicio Burgnich disse: «Pensei que Pelé era de carne e osso, como eu. Estava enganado!» Porém, o maior futebolista de todos os tempos nunca tirou os pés do chão, apesar de reconhecer o talento que tinha.

Por palavras suas:

«DEUS DEU-ME O DOM DE JOGAR FUTEBOL E O RESTO CONSEGUI-O EU PORQUE ME CUIDAVA E PREPARAVA.»

15.ª LEI ESFÉRICA

Para desenvolver qualquer dom há que manter sempre os pés assentes na terra.

CAPÍTULO 16

«Quanto mais te preocupares com as pessoas, mais receberás em troca.»

JÜRGEN KLOPP

Eloquente, expressivo e passional, Klopp é um dos treinadores que conseguiu revolucionar a imagem tradicional que tínhamos dos treinadores, sobretudo graças ao seu trabalho à frente do Borussia de Dortmund, clube que continua a treinar até aos dias de hoje.

Os seus êxitos são excelentes e o caminho para chegar até eles também, como a sua forte aposta na juventude, no talento e na entrega. Graças a estes factores, Klopp conseguiu, por exemplo, fazer do Dortmund campeão da Bundesliga com a média de idades mais baixa de toda a história da competição alemã: 23,5 anos.

Kloppo, como é chamado pelos simpatizantes, com todo o carinho, é um líder com métodos que podem parecer estranhos, quase extremos, com as suas pré-temporadas que não deixam ninguém indiferente. Talvez a mais falada tenha sido a que jogou com o Mainz 05. O treinador alemão decidiu levar a equipa para uma ilha da Suécia onde toda a equipa teve de fazer exercícios de sobrevivência. Contava-o assim, numa entrevista ao diário espanhol *As*:

> «Só tínhamos as tendas de campanha para dormir, o resto era a luta pela sobrevivência. Com as canoas e divididos em

grupos, remávamos de uma ilha para a seguinte. Os primeiros que chegavam tinham de começar a procurar lenha para acender lume, ferver água, etc. Esse era o segredo, tínhamos de pescar para comer [...] Mas o grupo percebeu a metáfora: se queríamos ter uma boa prestação na Bundesliga teríamos de encontrar soluções para os nossos problemas.»

Sem dúvida, se outro treinador fizesse este tipo de pré-temporada, o fracasso seria rotundo. Com ele funcionou e o segredo está no facto de os jogadores acreditarem nele porque sabem que se preocupa com eles e que confia nas suas capacidades.

Klopp estabelece uma forte ligação com os jogadores. Como o consegue? De que maneira é capaz de criar laços com vinte e tal pessoas, com um grupo tão grande e com personalidades tão distintas? E como tira o melhor de cada um?

Na nossa vida quotidiana, como podemos, então, estabelecer melhores ligações com os outros?

Desenvolvendo esta série de capacidades:

– Interesse genuíno

Antes de tudo, com uma atitude aberta, positiva e humilde ao interessarmo-nos pelos outros. Devemos assumir que o outro tem coisas interessantes para partilhar, oferecer e explicar. Depende de nós descobrir essa riqueza e aproveitá-la.

– Ouvir e participar

Trata-se apenas de estar atento, empenhado e participativo. É esse o único segredo. Uma coisa é estar numa conversa e outra é participar nela.

– Empatia

Com o interesse genuíno desperto e o ouvido atento em acção, chegará, como por artes mágicas, a empatia. Esta é a capacidade humana de se colocar no lugar do outro, de compreender as suas motivações, sonhos e esperanças, de dar-se conta dos seus medos. De facto, quando agimos com empatia, descobrimos (e surpreendemo-nos) como estão próximos as motivações, sonhos, esperanças e medos das pessoas que nos rodeiam.

Se nos preocuparmos de verdade com os outros e conseguirmos que as ligações não sejam fruto de uma eventual e casual química, mas da nossa vontade de comunicar, seremos mais felizes com o que nos rodeia e teremos muito menos conflitos.

Jürgen Klopp tinha muita razão quando dizia que, se nos preocupamos com as pessoas, receberemos mais em troca. Este é um exercício de sobrevivência mais complicado que o que fizeram os jogadores na ilha da Suécia.

16.ª LEI ESFÉRICA

A melhor chave para a empatia é interessar-se com sinceridade pelos outros.

CAPÍTULO 17

«Há coisas escritas no nosso destino, e outras que se conseguem com árduo trabalho.»

ZLATAN IBRAHIMOVIC

O genial e às vezes rude jogador sueco de ascendência bósnia é tão conhecido pelo seu excelente jogo – é um autêntico *killer* de 1,95 m que rasga as defesas – como pelas suas saídas infelizes com comentários que não referiremos neste livro.

Em troca, aprofundaremos a sua fórmula para o êxito, o trabalho duro, aplicado sempre numa única direcção, porque não basta ser esforçado.

Há pessoas muito aplicadas que não atingem os seus objectivos porque repartem as forças entre demasiadas frentes em simultâneo. Querer abarcar tudo, mesmo que se tenha vários talentos, não permite aprofundar nada. Como reza o ditado oriental, caçador que aponta a duas presas, acaba por não derrubar nenhuma.

Seguir o nosso destino, encontrar o nosso ponto forte e trabalhá-lo é a receita dos campeões que pode aplicar-se a qualquer pessoa.

Sobre isto, um conto tradicional narra que um homem decidiu abrir um poço num terreno que lhe pertencia. Escolheu o lugar e abriu um buraco com cinco metros de profundidade, mas não encontrou água.

Pensou que aquele não era o sítio indicado, procurou outro lugar e esforçou-se mais e chegou até sete metros, mas também não encontrou água. Decidiu-se por um terceiro local e cavou ainda mais fundo, mas, quando chegou a dez metros de profundidade, concluiu que no seu terreno não havia água e que o melhor que tinha a fazer era vendê-lo.

Um dia, foi visitar o homem a quem vendera o terreno e encontrou ali um fantástico poço.

– Amigo, muito tiveste de cavar para encontrar água. Lembro-me que cavei mais de vinte metros e de água não encontrei nem o rasto – disse o recém-chegado.

– Enganas-te! Na verdade só cavei doze metros, mas a diferença entre o que tu fizeste é que cavei sempre no mesmo sítio.

17.ª LEI ESFÉRICA

Quando conhecer o seu ponto forte, trabalhe-o para alcançar a excelência.

CAPÍTULO 18

«O talento depende da inspiração, mas o esforço depende de cada um.»

PEP GUARDIOLA

Talvez nos encontremos perante um caso único da história do futebol e poderíamos atrever-nos a dizer que do desporto em geral. Um caso único de êxito marcante.

Guardiola estreou-se como treinador da primeira divisão no banco do FC Barcelona e, nesse primeiro ano, ganhou todos os títulos que disputou, incluindo a Champions League e o Mundial de Clubes. Deslumbrou, maravilhou e fascinou o mundo inteiro. E não apenas isso. Os seus êxitos continuaram até que um dia pensou que o melhor seria abandonar o clube e tirar um ano sabático.

Uma decisão arriscada se se tiver em conta que tudo lhe corria pelo melhor ou talvez por isso mesmo, porque não podia melhorar. Mas não nos detenhamos no fim da sua relação com o Barcelona. Vamos antes ao princípio.

Aí temos Guardiola no seu primeiro dia de trabalho, como responsável máximo da primeira equipa. Está prestes a fazer a sua apresentação inaugural perante um plantel que vale centenas de milhões de euros.

Que lhes diz? Que propõe? Que lhes oferece para que todos se envolvam no seu projecto?

Algo tão simples como surpreendente. Pep fala-lhes de talento e de esforço e assegura-lhes que não vai ter em conta os seus enganos, as falhas ou algo que não lhes saia bem. O que, no entanto, não perdoará é que não se esforcem, que não tentem, que não joguem com garra porque, enquanto o talento depende da inspiração, o esforço é um capital individual, uma aposta pessoal que faz cada um e que, por sua vez, beneficia todo o grupo.

Guardiola sabia muito bem de que falava. Jogador de elite durante muitos anos, dirigido pelo genial Cruyff, vira fracassar jogadores extratalentosos por culpa da sua atitude, por descurarem esforços e pensarem que com o dom natural que possuíam já tinham o bastante para triunfar. E não é assim.

No futebol, como na vida, o talento representa uma pequena vantagem. É como começar uma corrida com avanço em relação aos outros. Mas a vida não é uma corrida de *sprint*, é uma maratona. Uma longa travessia onde as diferenças do início se compensam, pouco a pouco, com o passar do tempo e a chegada das dificuldades que põem à prova outros valores individuais.

Pouco ou muito, todos temos talento para alguma coisa. A pergunta essencial é: que fazemos com esse talento?

O doutor John C. Maxwell, especialista em liderança, responde a estas e outras perguntas no seu livro, líder de vendas, *O Talento nunca é suficiente*. Nele expõe os treze atributos que todos os indivíduos precisam ter para aproveitar ao máximo o seu potencial e desenvolver as suas capacidades. Se bem que o talento seja algo natural, os treze atributos que nos indica o doutor Maxwell têm a ver com esse esforço e aposta pessoal que requeria Guardiola dos seus jogadores, no primeiro dia de treino.

1. **Acreditar** estimula o talento.
2. A **paixão** promove o talento.
3. A **iniciativa** activa o talento.
4. O **direccionamento** conduz o talento.

5. A **preparação** posiciona o talento.
6. A **prática** refina o talento.
7. A **perseverança** engrandece o talento.
8. O **valor** prova o talento.
9. A **disposição** de aprender amplia o talento.
10. O **carácter** protege o talento.
11. As **relações** influenciam o talento.
12. A **responsabilidade** fortalece o talento.
13. O **trabalho em equipa** multiplica o talento.

18.ª LEI ESFÉRICA

Nunca saberá até onde vai o seu talento se não o põe à prova e não o desenvolve.

CAPÍTULO 19

«No futebol, tudo é possível. Está tudo em aberto. Luta-se até ao último minuto.»

RONALD KOEMAN

Um dos melhores marcadores de faltas da história do futebol. Muitos recordarão ainda a carreira de Koeman, o *Tintim*, depois da marcação do golo em Wembley, que daria a primeira Taça da Europa à sua equipa, o Barcelona.

Entre muitos outros troféus, ganhou com a sua selecção o Campeonato da Europa de 1988. A sua carreira como treinador tem sido mais discreta do que como jogador, mas é um homem que vale a pena ouvir pelo seu carácter pragmático e capacidade para se recompor das derrotas e lutar para o próximo desafio.

A filosofia Koeman está reflectida numa história contada no prólogo de *El libro de las posibilidades* de Albert Lieberman. Narra a odisseia do *Endurance*, um navio que ficou encalhado na Antárctida em 1914. Depois de ser esmagado pelos blocos de gelo que o aprisionavam, a tripulação empreendeu uma travessia épica numa jangada pelo mar gelado de Weddell, em condições extremas. Prosseguiram viagem num bote, até à desolada ilha Elefante, onde, tudo indicava, estariam condenados a sucumbir.

O capitão da expedição, Shackleton, decidiu reconstruir um minúsculo bote e, com mais cinco homens, saíram para o mar em busca de ajuda, através da temível passagem de Drake. Nunca uma embarcação tão pequena conseguira semelhante feito, mas os tripulantes do *Endurance* não perderam a esperança e, contra todas as conjecturas, atingiram a ilha de São Pedro.

Porém, não terminaram ali os desafios, já que tiveram de transpor, com um clima gélido, a escarpada cordilheira que atravessava a ilha. Um território gelado que nunca fora cartografado. Os seis caminharam sem descanso durante trinta e seis horas, até ao limite do cansaço, para se salvarem e socorrerem os vinte e dois companheiros que permaneciam isolados na ilha Elefante.

Num dos muitos episódios insólitos daquela expedição, depararam-se com um despenhadeiro mortal que não conseguiam transpor. Então, os seis homens abraçaram-se para formar uma bola humana e lançaram-se encosta abaixo.

Ao longo dessa marcha sobre-humana, Shackleton registou no seu diário que, quando estavam prestar a desistir, sentiram que um desconhecido os acompanhava e lhes mostrava o caminho. Esta experiência impressionou T. S. Eliot, que escreveu os seguintes versos: «Se olho para a frente pelo branco caminho / há sempre outro que caminha junto a mim.»

Esta presença que os conduziu à salvação pode ser entendida de muitas formas. Para um crente seria Deus porque sente que este nunca o abandona nos momentos de dificuldade. Para um agnóstico pode ser a fé nas próprias possibilidades que, sob a forma de alucinação, guiou os homens de Shackleton através do gelo.

Antes de tirarmos conclusões, vejamos como terminou a aventura. Os seis heróis conseguiram, depois de uma odisseia de 1 300 quilómetros, chegar à estação baleeira de Stromness. Dali, pediram ajuda à armada chilena que, em pleno inverno antárctico, conseguiu resgatar com vida os vinte e dois homens da ilha Elefante.

Tinham-se salvado todos.

Contra todas as expectativas, a capacidade do capitão e a fé dos seus homens venceram o que parecia impossível. Tinham aprendido a lição de Marco Aurélio, que no seu livro *Meditações* assegurava: «Mesmo quando as tuas forças pareçam insuficientes para superar a tarefa que tens diante, não assumas que está fora de alcance dos poderes humanos. Se algo está compreendido nos poderes da génese humana, acredita que também está dentro das tuas possibilidades.»

19.ª LEI ESFÉRICA

Nada está perdido enquanto restar uma só possibilidade de ganhar.

CAPÍTULO 20

«Joga-se melhor com 10 do que com 11.»

HELENIO HERRERA

Conhecido por *El Mago*, este jogador e treinador argentino, nacionalizado francês, passou à história por duas frases que terá proferido. Uma foi a declaração: «Ganhamos sem sair do autocarro.» Com esta frase tentava animar a sua equipa, antes de visitar o campo do Betis.

A outra máxima célebre é a que encabeça este artigo. Para justificar o facto de a sua equipa ter perdido com um rival, que vira ser expulso um dos seus jogadores, deu aquela misteriosa explicação.

Que queria dizer com isso?

Claro que a história do futebol está cheia de jogos em que uma equipa, quando fica em inferioridade numérica, dá «o tudo por tudo», como costuma dizer-se, e os jogadores acabam por segurar o resultado ou conseguem mesmo virá-lo.

Isto acontece em especial por uma razão:

Perante uma situação de inferioridade, ninguém pode adormecer e todos os jogadores se vêem obrigados a dar 120% das suas forças. Pode parecer um paradoxo, mas isto pode provocar um rendimento colectivo melhor do que se a equipa estivesse completa.

A este tipo de reacção, em termos de psicologia, chama-se resiliência e deu origem a muitos e valiosos livros, nas últimas décadas.

Destaca-se, em particular, o trabalho do neurologista e psiquiatra Boris Cyrulnik, que na sua obra *Los patitos feos* já abordava esta capacidade de superação de muitos seres humanos perante uma situação limite.

Por palavras deste autor:

> «Há muitas pessoas que sofrem traumas e todas têm de passar por provas. Mas, mesmo nas provas, continuamos a ser nós mesmos. Não estamos mortos nem isolados. Face a uma prova, penso: "Perdi o meu trabalho, e agora que faço? Ela abandonou-me. Estou desesperado, mas penso que ela é louca por ter deixado escapar um homem como eu. Ela é que perde!" Defendemo-nos como podemos e continuamos a ser quem éramos.»

A resiliência é a arte de navegar nas águas agitadas. Não só consiste em não se deixar afundar na adversidade – no caso de uma equipa, ficar a jogar só com 10 ou mesmo com 9 – mas ainda fazer da nova situação um campo de provas para se superar.

Neste sentido, muitas pessoas se têm revelado criativas quando confrontadas com uma dificuldade extrema. Há vocações artísticas que despertaram no decurso de uma doença longa ou projectos empresariais vencedores a partir de uma ruína anterior. Tudo depende da atitude.

Boris Cyrulnik explica o carácter resiliente, através desta história:

> «Era uma vez duas rãs que caíram num recipiente com natas. De imediato, sentiram que se afogavam. No princípio, as duas espernearam no creme para chegarem à borda do recipiente, porém era inútil. Uma delas pensou: "Não posso mais. É impossível sair daqui. Já que vou morrer, não vejo por que prolongar esta dor. Que sentido faz morrer esgotada, por um esforço vão?" Dito isto, deixou de se agitar e afundou-se rapidamente. A outra rã disse: "Não

se pode fazer nada para avançar. No entanto, já que a morte me espera, prefiro lutar até ao último alento." E continuou a espernear e a chapejar, sempre no mesmo lugar. Depois, de tanto espernear, as natas transformaram-se em manteiga. A rã deu um salto, chegou à beira do jarro e na maior alegria regressou a casa.»

Voltemos ao treinador que assinou a frase com que começámos. Também ele teve de enfrentar situações muito difíceis e, nesses casos, socorria-se de uma terceira máxima que era:

«Quem não deu tudo, não deu nada.»

20.ª LEI ESFÉRICA

As dificuldades extraordinárias são a oportunidade das pessoas extraordinárias.

CAPÍTULO 21

«O futebol é cada vez mais um jogo de xadrez, e no xadrez, se perdes um segundo de concentração, estás morto.»

SIR ALEX FERGUSON

Vinte e cinco anos no banco do Manchester United não só representam um recorde difícil de igualar, no sempre agitado mundo futebolístico, como também um exemplo que hoje muitos clubes procuram imitar. Além do mais, esta aposta na estabilidade deu bons frutos.

Com ele no banco, o United conseguiu mais títulos do que em toda a sua história, nada menos que treze títulos na Liga e dois na Champions League.

É claro que não foi simples. Durante mais de duas décadas, Sir Alex Ferguson teve de lidar com situações complicadas de toda a espécie, como quando no princípio os resultados tardaram a chegar. É mítica uma faixa que apareceu em Old Trafford que dizia: «Três anos de tolerância e isto continua um lixo.»

Porém, este escocês de Glasgow soube recompor-se e dirigir as diversas situações que foram surgindo no seu caminho. Soube também pedir aos seus jogadores o compromisso certo para conduzir o clube ao respeito e admiração que goza em todo o mundo, como equipa e como modelo de gestão.

É curioso, tal como ele costuma admitir, que uma das bases desse modelo de tamanho êxito seja a concentração que pede aos seus jogadores.

Concentração! Nada que tenha a ver com qualidade ou técnica, nenhum dos tradicionais valores de luta, esforço e sacrifício.

De maneira errada, podemos supor que os profissionais de todas as áreas devem ter a concentração já não como uma virtude, mas como uma obrigação, igual à de apresentar-se impecável, ser pontual ou tratar com respeito os companheiros. No entanto, não é assim. E menos ainda nos dias em que vivemos rodeados de telefones que não param de tocar, de mensagens que chegam a cada minuto, de redes sociais que reclamam atenção constante...

Quer dizer, vivemos num sem-fim de *inputs* que voluntária ou involuntariamente nos distraem do que estamos a fazer. Podemos mesmo dizer que vivemos na era da dispersão.

Um dado espectacular: calcula-se que, em média, não conseguimos estar mais de onze minutos seguidos concentrados na mesma actividade. Depois deste tempo, algo nos distrai e, se isso não acontecer, distraímo-nos nós mesmos ao consultar o *smartphone* ou qualquer outro elemento de distracção.

Façamos o seguinte teste: enquanto trabalhamos, coloquemos um cronómetro em cima da mesa e vejamos quanto tempo passa até nos desconcentrarmos. Vamos descobrir que, com frequência, nem chega aos onze minutos.

Mas há mais dados inquietantes. Precisamos, no mínimo, de realizar duas tarefas antes de podermos regressar à que executávamos antes de perdermos a concentração.

Este facto constitui um desgaste de energia, de tempo e dinheiro de que nem sequer as empresas têm consciência. A boa notícia é que se conseguimos aumentar o tempo de concentração, se somos capazes de ampliar o tempo dedicado ao que queremos fazer, cresceremos de maneira notável como profissionais e como pessoas. Basta aumentar em 20% o nosso rendimento permanente. À primeira vista pode parecer pouco, mas não é. Se fôssemos uma empresa e aumentássemos 20% a nossa produtividade, seríamos felicitados pelos accionistas e invejados pela concorrência.

No nosso caso, este aumento acontecerá se aplicarmos três regras muito simples:

– Tarefa exequível
Propomo-nos uma tarefa, ou parte de um trabalho, se este for mais complexo, que possamos realizar num tempo concreto. Marcamos o espaço temporal em que vamos trabalhar e passamos ao segundo ponto.

– Isolamento temporal
Com o trabalho seleccionado, surge o ponto mais difícil: desligar o telefone. Temos de desactivar também o alarme do correio electrónico para nos isolarmos de verdade do que nos rodeia.

– Concentração activa
Quando surgir a tentação de consultar a Internet, de nos levantarmos para beber água ou fazer outra coisa, temos de ser inflexíveis. Temos de proteger a nossa atenção e pensar que, depois de concluída a tarefa, nos sentiremos mais satisfeitos e com mais força para superar o desafio de atenção que se segue.

Sir Alex Ferguson pedia concentração aos seus jogadores antes de entrarem no relvado de jogo. Nós temos de fazer o mesmo, todos os dias antes de sairmos de casa.

21.ª LEI ESFÉRICA

Na era da dispersão, quem consegue concentrar-se joga com vantagem.

CAPÍTULO 22

«Os avançados ganham jogos. Os defesas, campeonatos.»

JOHN GREGORY

Esta máxima, de um futebolista inglês com uma longa carreira em clubes modestos do seu país, reflecte determinadas situações da nossa vida que exigem «reflexão e prudência».

No seu livro *Todo lo que sé de la vida se lo debo al fútbol* – título que, como sabemos, é uma frase de Albert Camus, que na juventude foi futebolista na Argélia –, Francis Amalfi reflecte a fundo sobre esta questão.

> «Não é certo que a melhor defesa seja um bom ataque. As equipas que se fecham atrás, quase sempre sofrem o tão temido golo, quando não uma goleada. E isto é assim porque, tanto num jogo de futebol como na vida, estar imóvel impede as mudanças necessárias para seguir em frente.»

A inércia pode levar directamente à estagnação e ao fracasso. A táctica que propunha Maguregui, um treinador basco que usava a expressão «pôr o autocarro à frente da baliza», deixa de ser útil a partir do momento em que vivemos num mundo onde a baliza (as dificuldades) muda de lugar constantemente.

O segredo está no ponto de equilíbrio, que temos de encontrar, entre a prudência e o risco.

Numa situação perigosa, por exemplo no campo laboral, é inteligente e necessário tomar precauções.

Amalfi recorre ao clássico de Maquiavel *O Príncipe*, um manual sobre a conservação do poder, para ver como o maior estratega do Renascimento estrutura uma boa defesa.

Vejamos sete princípios que espelham as chaves desta obra que pode aplicar-se a qualquer aspecto da vida diária:

1. Não há que atacar o poder se não tens a certeza de o conseguir destruir.
2. Tem de se elogiar ou aniquilar os homens pois estes vingam-se das ofensas ligeiras uma vez que das graves não conseguem. A afronta que se faz a um homem deve ser, portanto, tal que não deixe espaço para temer a sua vingança.
3. As injustiças devem fazer-se todas de uma vez porque, por sofrê-las menos, provocarão menos danos. Os benefícios devem fazer-se pouco a pouco de modo a serem mais apreciados.
4. Nunca se deve permitir que os problemas persistam para evitar uma guerra porque esta não se evita, apenas se adia, com desvantagem própria.
5. Quem não detecta os males à nascença não é verdadeiramente prudente.
6. O príncipe deve deixar que sejam outros a executar as medidas que possam acarretar ódio e realizar por si as que lhe proporcionem a gratidão dos súbditos. Deve estimar os nobres sem se fazer odiar pelo povo.
7. Vale mais fazer e arrepender-se do que não fazer e arrepender-se.

22.ª LEI ESFÉRICA

Uma estratégia de defesa requer mais inteligência e ousadia do que um ataque.

CAPÍTULO 23

«O futebol é uma manta curta: se tapas os pés, destapas a cabeça e, se tapas a cabeça, destapas os pés.»

TIM

Elba de Pádua Lima, mais conhecido por *Tim*, participou na Taça do Mundo, em 1938 em França, como avançado da selecção brasileira. Depois de descalçar as botas, treinou no Brasil, Peru e Argentina, onde esteve à frente de *Los Matadores*, a mítica equipa de San Lorenzo de Almagro.

No entanto, *Tim* ficou na história do futebol, e dos aforismos, com esta frase, carregada de sabedoria, em que recorda a impossibilidade de não correr riscos. Viver é correr riscos! E a vida, como o futebol, é uma manta curta. Quem decide subir no ataque deixa a retaguarda debilitada, e quem opte por entrincheirar-se no seu campo fortalece o jogo de ataque do adversário.

A vida leva-nos a decidir e não fazê-lo é o pior risco que podemos assumir. Contudo, isso não significa que devamos ser insensatos. A nossa responsabilidade, como postulava Maquiavel, é minimizar os perigos e ainda detectar as oportunidades que se escondem atrás dos riscos.

É isto que as empresas fazem, através da chamada análise SWOT e que nós podemos aplicar com facilidade para avaliar uma decisão.

Vejamos este quadro:

ANÁLISE INTERNA	ANÁLISE EXTERNA
Fragilidades	Ameaças
Pontos fortes	Oportunidades

É muito fácil preencher o quadro. Só precisamos de um papel, lápis e uma boa dose de sinceridade e espontaneidade. Imaginemos, por exemplo, que nos ofereceram um emprego e não sabemos se aceitar ou não.

Façamos o seguinte:

– Análise interna

Começamos por uma análise pessoal, fazemos uma lista das características, capacidades e valores que consideramos pontos fortes: somos trabalhadores, persistentes, inconformados e ambiciosos. A seguir as fragilidades: timidez, temos dificuldades de relacionamento, falta de carta de condução…

– Análise externa

Trata-se de apontar todos os aspectos que nos rodeiam e podem prejudicar-nos: falta de projecto empresarial, desentendimento com o superior, insatisfação em relação ao ambiente. Mas também os que possam beneficiar: novo desempenho laboral, possibilidade de formação, melhor salário…

É lógico que o que se considera fragilidades, pontos fortes, ameaças ou oportunidades varia de pessoa para pessoa. Justamente por isso ninguém pode decidir por outro e este quadro também não o fará. A sua magia reside em reflectir-nos em determinado contexto. Destapar o que seja, com a manta curta, depende de cada um, como dizia *Tim*.

O certo é que à força de repetir este exercício crescerá o conhecimento das nossas forças e das nossas fraquezas e poderemos trabalhá-las.

Se tivermos consciência dos nossos pontos fortes, saberemos aproveitá-los, e se evitarmos as ameaças poderemos dirigir-nos, com rumo certeiro, para as oportunidades.

23.ª LEI ESFÉRICA

Avalie os prós e os contras, mas não arraste a decisão.

CAPÍTULO 24

«Se estás vazio, preenche-te.»

DIEGO ARMANDO MARADONA

El Pibe, outro mito que dispensa apresentações, disse esta frase ao referir-se a Riquelme, depois de perder a final da Taça dos Libertadores. Ocorreu em 2012 e Maradona, num programa de televisão, deu este conselho que parece óbvio mas envolve alguma dificuldade.

Também Guardiola disse sentir-se vazio depois de encerrar a sua etapa de maior êxito, como treinador. Neste caso, um ano em Nova Iorque, afastado dos meios mediáticos, serviu-lhe para se reforçar e assumir de seguida os destinos do Bayern.

A grande pergunta é: que faz o comum homem ou mulher para se preencher quando se sente esgotado e vazio?

É impossível para a grande maioria dos leitores custear um ano sabático em Nova Iorque e a vida dos que empunham este livro é, por sorte, muito diferente da do astro argentino que inspirou a Igreja Maradoniana ou a de Juan Román Riquelme.

Berto Pena, especialista em produtividade e em gestão pessoal e autor de *Gestiona mejor tu vida*, propõe este programa para recarregar pilhas de entusiasmo e emoção:

– Lembre-se porquê

Por detrás de cada desempenho há um porquê que pode ser o início do projecto da sua vida, estudos que lhe permitirão obter o primeiro emprego, um emprego que dará acesso a outro melhor, a aprendizagem de uma técnica de formação profissional, conseguir um salário com que pagar a viagem de sonho, etc.

– Desfrutar o caminho

À medida que acontecem as pequenas vitórias e as pequenas conquistas diárias, há que festejá-las. É preciso motivar-se não só com o grande objectivo em mente, mas também com as pequenas dádivas que conseguimos todos os dias, graças ao nosso trabalho, talento e intensidade.

– Motive-se com as pequenas coisas

Não são raras as ocasiões em que a ilusão, e até a paixão, está nas pequenas e mesmo nas minúsculas coisas que nos rodeiam ou rodeiam o nosso trabalho ou aquele projecto. Pode ser uma tarefa concreta, estar com uma pessoa, ir a um local, recriar uma técnica, utilizar um dispositivo ou uma aplicação. Cada um tem os seus pequenos tesouros!

– Ter consciência do momento

Em muito mais ocasiões do que imaginamos, falta-nos motivação porque a nossa cabeça não está no que fazemos, não estamos presentes. Nesses momentos está presa em pensamentos ou está em coisas muito mais agradáveis, de um modo geral relacionadas com o prazer ou com o tempo livre.

Volte ao presente, tenha consciência do momento e do que tem pela frente e utilize esse pensamento de «ócio» como arma motivadora. Interprete-o como uma recompensa pelo trabalho que tem de fazer e para o que lhe custa encontrar o «porquê». E se nada disto funcionar...

– Respire fundo

Todos passamos por vales e montanhas, por dias muito produtivos e dias muito complicados. Se tentou tudo e ainda assim não consegue motivar-se, não desanime!

Nesse dia, não tome decisões drásticas, faça o mínimo e imprescindível e dedique-se a trabalhos mecânicos ou mais rotineiros, que exijam pouca criatividade e intensidade, como arrumar, classificar, limpar, procurar, etc. Amanhã será outro dia, a sua motivação voltará e as suas tarefas e projectos continuam à sua espera para que lhes dê o melhor de si.

24.ª LEI ESFÉRICA

Tal como tudo o que está cheio se esvazia, todo o vazio acaba por se encher.

⚽⚽⚽

CAPÍTULO 25

«Fazer um passe de letra não é um luxo, nem uma demonstração de qualidade, não é mais que declarar que a outra perna não serve para nada.»

BICHI BORGHI

Borghi é um desses jogadores privilegiados que conquistaram uma Taça do Mundo. Foi no México, em 1986, com a lendária Argentina de Maradona, precisamente um dos mestres da arte do passe de letra. O próprio Bichi foi também considerado um grande executante deste tipo de cruzamento que consiste em passar a perna de chuto por trás da perna de apoio.

Apesar de ser visto como um recurso de técnica elevada, o passe de letra é usado sobretudo por jogadores que não dominam uma das duas pernas. É um recurso criativo que nasce de uma carência. A origem é um problema, mas a solução é tão brilhante que faz com que o público se levante do seu lugar, aplauda e comemore.

Acontece o mesmo com as soluções criativas em que a pessoa quase se sente feliz por ser forçada a colocar-se à prova, a procurar outro caminho. Em resumo: a ser criativo.

Porém, tudo o que tem a ver com o mundo da criatividade encerra um dado misticismo, uma aura de magia que faz com que muita gente tenha a convicção de que esta capacidade não está ao alcance de todos, que ser criativo está reservado apenas para alguns, mas não é assim. A criatividade funciona como um músculo: se se usa, desenvolve-se; se se treina, ganha poder e resistência. Existe um processo, usado pelos que fazem da criatividade a sua profissão, que pode ajudar-nos a ter ideias criativas que solucionem, dessa maneira brilhante, os nossos problemas do dia-a-dia.

Imaginemos que temos de comprar um presente diferente para oferecer a um amigo e não sabemos que comprar.

Vejamos as diferentes fases deste processo criativo:

1. Informação

A primeira coisa a fazer é compilar toda a informação possível. Recordar o que sabemos do amigo e investigar o que de certeza desconhecemos. É muito importante, nesta primeira fase, esquecermos a solução. Aproveitemos a investigação. Quanto mais informações tivermos agora, mais possibilidades de encontrar uma solução brilhante teremos mais tarde.

2. Incubação

Tal como fazem os grandes chefes de cozinha, agora é altura de deixar que toda a informação recolhida coza em lume brando, na nossa cabeça. Ainda que possa parecer paradoxal, é vital que neste ponto deixemos de pensar, esquecer que procuramos uma solução e deixar que as ligações se façam de forma natural, na nossa cabeça.

3. Iluminação

Se nos informámos bem e deixámos em repouso todos esses novos dados, o momento *eureka* há-de chegar. Uma luz se acenderá de repente na nossa cabeça. Teremos uma ideia que surgirá brilhante, diferente e original. Mas... cuidado, o processo ainda não terminou.

4. Verificação

Este é o ponto menos grato do processo criativo. Imaginemos que decidimos oferecer bilhetes para ver uma partida de futebol. Óptimo, mas não podemos cantar vitória. Temos de verificar se o nosso amigo tem o dia livre ou se não tem uma viagem de negócios, por exemplo. Seja como for, se a verificação falhar, temos de recomeçar todo o processo, rever a informação, ver se podemos averiguar algo novo sobre ele, deixar amadurecer a ideia, esperar a luz e verificar de novo.

5. Aplicação

Se a verificação for positiva, falta apenas aplicar a ideia que tivemos para a transpor para a realidade. Uma ideia não é nada até estar em prática e as cabeças das pessoas estão cheias de boas ideias à espera que alguém as ponha em prática.

25.ª LEI ESFÉRICA

A criatividade oferece uma brilhante solução para cada problema.

CAPÍTULO 26

«Não podes viver da história, tens de construir o teu futuro.»

RUUD GULLIT

Todos recordamos o penteado *rastafári* do que foi um dos melhores futebolistas da década de 1980, em particular durante a sua passagem pelo AC Milan. Ao longo da sua carreira jogou como médio-centro, médio-avançado e avançado e chegou mesmo a ser treinador-jogador no Chelsea, antes de se retirar.

Sempre activo e dinâmico, esta máxima sugere uma reflexão apurada sobre o tempo. O passado é um livro fechado que nos conduziu onde agora estamos e é a partir deste agora que podemos construir o futuro.

O problema de muitas pessoas é que, ressentidas pelo passado e angustiadas em relação ao futuro, não dão ao presente o espaço que este merece.

Um mestre do Aqui e Agora, o jesuíta hindu Anthony de Mello assistia a esta conversa entre um discípulo e o seu mestre sobre os motivos pelos quais temos tanta dificuldade em abraçar o presente:

– Onde devo procurar a luz?
– Aqui.
– E quando acontecerá?
– Está a acontecer agora mesmo.
– Então, por que não a sinto?

– Porque olhas para mim.
– E a que devo prestar atenção?
– A nada. Olha apenas!
– Olho? O quê?
– Qualquer coisa onde os teus olhos se pousem.
– E devo olhar de alguma maneira especial?
– Não. Basta que olhes com normalidade.
– Mas eu não olho sempre normalmente?
– Não.
– Por que carga de água?
– Porque, para olhares, tens de estar aqui e é muito raro que estejas.

26.ª LEI ESFÉRICA

O futuro constrói-se, minuto a minuto, no lugar onde estás agora mesmo.

CAPÍTULO 27

«Não queria dizer nada negativo sobre o jogo, embora também não me ocorra nada positivo.»

JUPP HEYNCKES

Treinador do Bayern de Munique até à temporada de 2012-2013, sempre se lhe reconheceu um feitio que o fez fugir das polémicas e confrontos desnecessários.

Da sua longa carreira de treinador, conta-se esta história, na saída do que fora o clube da sua vida, o Borussia Mönchengladbach. Depois de receber a notícia por telefone, em vez de protestar furioso ou exigir explicações, o que não lhe teria servido de nada porque a decisão estava tomada, teve uma reacção exemplar pela elegância e contenção.

Heynckes entrou no carro que o clube colocara à sua disposição, levou-o a um posto de lavagem e depois encheu o depósito de gasolina. A seguir, estacionou-o frente aos escritórios do clube, entregou as chaves ao porteiro e foi-se embora, sem fazer qualquer comentário.

A atitude *zen* deste técnico, com três Bundesligas, duas Champions, uma Taça da Europa e um Mundial no seu palmarés, tem muito a ver com a célebre «oração da serenidade» de Reinhold Niebuhr:

> «Senhor, dai-me forças para fazer o que tem de ser feito, paciência para suportar o que não posso mudar e sabedoria para distinguir uma coisa da outra.»

Heynckes sabia que não podia fazer nada contra o seu despedimento, além de cobrar a sua indemnização, excepto uma coisa: sair como um cavalheiro e deixar que falassem bem dele.

O facto de ainda contarmos esta história significa que o conseguiu.

Sobre esta questão, os adeptos do FC Barcelona não esqueceram uma manchete de jornal em que o indignado Van Gaal respondia à pergunta maliciosa de um jornalista, seu verdugo: «Tu és sempre negativo, nunca positivo.»

No nosso dia-a-dia cruzamo-nos com dezenas de pessoas que, como o jornalista desportivo, põem à prova os nossos nervos, através da sua negatividade. Contudo, para tirar um bom resultado da partida que disputamos todos os dias no jogo da vida, a negatividade é um problema acrescido.

É preciso ver o que não funciona para, de imediato, procurar soluções, mas ficarmos presos a um erro, uma calamidade ou uma ofensa apenas serve para refrear futuras venturas.

É muito melhor fazer uma lavagem a fundo do carro que já não é nosso, encher o depósito e devolvê-lo ao dono.

Sem lamentações.

Outro jogador que provou mérito como treinador, Ronald Koeman, disse, depois de perder um jogo: «O que há de bom no futebol é que três dias depois há outro jogo.»

É importante anotar as derrotas e o que nos conduziu a elas, mas sem importunar os outros com as nossas queixas ou fustigar-nos com os nossos fracassos.

A vida é um campeonato ininterrupto de jogos que se perdem, se empatam e se ganham alternadamente. Não há tempo para chorar. É necessário preparar o jogo seguinte.

27.ª LEI ESFÉRICA

Se não consegues dizer nada bom, é melhor que não digas nada.

CAPÍTULO 28

«No jogo temos de ser nós mesmos
e desenvolver a nossa ideia.
Isso é o melhor que podemos fazer.»

VICENTE DEL BOSQUE

A selecção espanhola de futebol conseguiu o que nenhuma outra selecção europeia conquistara: Campeonato da Europa, do Mundo e de novo da Europa, de maneira consecutiva. Um êxito sem precedentes que, depois de o falecido Luis Aragonés instituir um novo estilo de jogo, recai em grande medida em Vicente del Bosque.

Este treinador, de aspecto afável e bonacheirão, encarna valores diversos, fora do comum e quase inéditos nos nossos dias: os valores da normalidade.

Porém, apesar dos triunfos e dos aplausos, nem tudo foram facilidades, teve também de fazer frente às críticas e às dúvidas. Sem ir mais longe, o Mundial que Espanha ganhou na África do Sul em 2010 começou com uma soante e inesperada derrota frente à Suíça por 0 a 1. Porém, a equipa levantou-se e com vitórias e bom jogo conseguiu conquistar a tranquilidade e instalar de novo a normalidade que tão bons resultados, pessoais e profissionais, tem proporcionado a este treinador que é um dos mais laureados da história do futebol, tão normal como é!

Talvez o segredo resida em que tanto nos momentos de ansiedade, como nos de alegria, Vicente del Bosque sempre foi igual a si mesmo e aí reside toda a sua torrente de normalidade.

Nem os grandes êxitos nem os aparatosos fracassos conseguem distraí-lo da sua missão na vida. E está claro que para Vicente del Bosque nem tudo é ganhar. Como ele mesmo disse: «O êxito sem honra é o maior dos fracassos.» Por isso pede sempre aos seus jogadores que sejam eles mesmos. Apostar na exactidão do estilo e na filosofia que os levou a serem não só campeões, mas também um exemplo de excelência.

Neste sentido, há uma história fabulosa que nos fala precisamente da importância de ser genuíno. De autor desconhecido, reproduzimos aqui a versão de J. Soler y M. Conangla inserida no seu livro *Aplícate el cuento*:

«Havia um esplendoroso jardim com macieiras, laranjeiras e belíssimos roseirais. Todos viviam felizes e satisfeitos. Tudo era alegria, porém, um dos habitantes não era feliz. Tratava-se de uma árvore que se sentia muito triste por não saber quem era.

A macieira dizia-lhe:

– O que te falta é concentração. Se te esforçares de verdade, podes ter maçãs saborosas. É muito fácil!

O roseiral dizia-lhe:

– Não dês ouvidos à macieira. É mais simples ter rosas e, além disso, são mais bonitas e cheirosas do que as macieiras.

A árvore tentava concentrar-se e fazer tudo o que lhe sugeriam, mas não conseguia ser como os outros queriam e por isso sentia-se cada vez mais frustrada. Um dia, chegou ao jardim uma coruja, a mais sábia das aves, e, ao ver o desespero da árvore, exclamou:

– Não te preocupes, o teu problema não é assim tão grave. Não uses a tua vida, o teu esforço e a tua energia a ser como os outros querem. Sê tu mesma, conhece-te e aprende a ouvir a tua voz interior.

Dito isto, a coruja desapareceu.

A minha voz interior? Ser eu mesma? Conhecer-me?, pensava a árvore.

Mas o comentário da coruja tocou o seu coração e a árvore começou a deixar de dar ouvidos aos comentários das outras plantas. Aprendeu a estar em silêncio, a gozar os raios de sol e os refrescantes pingos da chuva. Aprendeu a desfrutar dos cânticos dos pássaros que faziam os ninhos nos seus ramos, a deixar-se acariciar pelo vento que silvava por entre as suas folhas. E, quando menos esperava, um dia compreendeu. O seu coração abriu-se e a sua voz interior falou-lhe:

– Jamais darás maçãs porque não és uma macieira, nem florescerás na Primavera porque não és uma roseira. Tu és um carvalho. O teu destino é crescer grande e majestoso, abrigar as aves, dar sombra aos viajantes e beleza à paisagem.

E a árvore sentiu-se forte e segura de si mesma. Depressa passou a ser admirada e respeitada por todos, mas o mais importante é que aprendeu a respeitar-se e a valorizar-se a si mesma.»

28.ª LEI ESFÉRICA

Ser fiel a si próprio é o maior dos êxitos.

CAPÍTULO 29

«O futebol é um desporto inventado pelos ingleses, jogam 11 contra 11 e ganha sempre a Alemanha.»

GARY LINEKER

Este jogador inglês foi um dos avançados mais notáveis do seu tempo, mas passou à posteridade com esta frase que mostra o infortúnio da sua selecção e que teve algo de premonitório, uma vez que desde então a chamada Equipa da Rosa não levantou a cabeça.

Com uma Liga tão poderosa como a Premier, com excelentes jogadores locais, a má sorte da selecção inglesa pode ser motivada pela falta de confiança dos seus jogadores, num exemplo clássico de **profecia de autocumprimento**.

Futebolistas com grandes prestações nos seus clubes, quando se juntam e mesmo sem o saberem, recordam as palavras de Lineker que influenciam o seu estado de espírito com um horizonte negro para as suas pretensões.

Este fenómeno é também muito comum a nível individual. As pessoas que se convencem de que nada lhes sairá bem agem, inconscientemente, de maneira que o seu vaticínio acaba por se cumprir.

Dois exemplos:

- Uma pessoa que está desempregada há muito tempo e que se apresenta numa entrevista com pouca confiança, que é percebida pelo entrevistador, adopta uma atitude pouco participativa.

- Um homem inseguro que consegue aproximar-se da mulher por quem está apaixonado e, de tanto perspectivar cenários negativos, no dia do encontro está nervoso e desajeitado, o que lhe retira qualquer atractivo.

Porque este é um manual para vencer desafios, não para perdê-los, vejamos um exemplo real de sentido totalmente contrário. Uma história da NASA que demonstra a força de uma profecia colectiva de sinal positivo.

Em 1962, John F. Kennedy anunciou na Rice University o projecto de enviar um homem à Lua, antes do fim da década, o que viria a acontecer em 20 de Julho de 1969. As palavras do presidente norte-americano, sete anos antes quando o projecto era apenas um sonho, merecem ser recordadas:

> «Perguntar-se-ão alguns por que escolhemos a Lua? Por que a elegemos como objectivo? E talvez se questionem também por que escalar a montanha mais alta? Por que há 35 anos voámos sobre o Atlântico? [...] Escolhemos ir à Lua, nesta década, não porque seja fácil, mas antes porque é difícil. Porque esta meta servirá para organizar e provar o melhor das nossas energias e capacidades.»

O discurso do presidente não se dirigia apenas aos estudantes ou aos engenheiros e astronautas que levariam a cabo a missão. Conta-se que a meio do projecto Apollo, que culminaria em 1969 com a viagem de Armstrong, Collins e Aldrin, Kennedy fez uma visita de surpresa às instalações da NASA. Enquanto avisavam os chefes do projecto da sua presença, este esperava na recepção, onde um porteiro se ocupava da limpeza das vidraças.

Por mera cortesia, Kennedy perguntou ao homem:

– Qual é a sua função aqui?
Ao que o porteiro respondeu orgulhoso:
– Ajudo o homem a chegar à Lua.

29.ª LEI ESFÉRICA

Não faça prenúncios negativos porque eles tendem a cumprir-se.

CAPÍTULO 30

«Podem chamar-me The Special One.»

JOSÉ MOURINHO

Odiado e amado. Idolatrado e insultado. Há quem elogie os seus métodos e quem os questione. José Mourinho é assim, um homem que provoca reacções extremas, uma personalidade sem lugar para a indiferença. Porém, o que nem uns nem outros podem negar é que este português, nascido em Setúbal, tem uma das carreiras mais meteóricas e surpreendentes da história do futebol.

Começou como tradutor de Bobby Robson no Barça e hoje é um dos treinadores mais premiados e mais bem pagos do mundo. Um percurso que, como demonstra esta história, é fruto de uma grande evolução e progresso pessoal:

Mourinho regressava pela primeira vez à sala de imprensa do Futebol Clube de Barcelona, já não como tradutor mas como treinador adversário. Um jornalista, de um dos meios de comunicação locais, colocou-lhe uma dessas perguntas complicadas:

– Como se sente ao regressar como técnico rival, uma vez que passou de simples tradutor a técnico da equipa principal?

Mourinho, que sempre se caracterizou por não fugir aos desafios dialécticos, respondeu:

– Eu evoluí, mas vejo que tu continuas a ser o que faz perguntas nas conferências de imprensa.

Qual é o segredo? Como é possível, no tão fechado mundo do futebol, uma evolução deste tipo? É claro que há uma parte de talento, de trabalho, de esforço e sacrifício, mas há também um trabalho espectacular de um dos grandes segredos do nosso tempo, o chamado *personal branding*.

Em 1997, Tom Peters, considerado o guru dos gurus, escreveu na revista *Fast Company* um artigo intitulado *The Brand Called You* que revolucionaria o mundo do *management* e do crescimento pessoal. O autor propunha que, para triunfar neste mundo, para atingir os propósitos, os sonhos e objectivos que todos temos no nosso interior, devíamos funcionar como uma grande multinacional, usar as mesmas estratégias, as mesmas ferramentas e técnicas que usam marcas como a *Coca-Cola*, a *Microsoft*, a *Apple*, etc.

Assegurava que «a marca pessoal liga paixões, qualidades e forças com uma assunção de valor que deixa clara a diferenciação dos demais», porque, neste mundo competitivo e saturado, ou nos distinguimos ou nos extinguimos.

Já não existem os empregos para toda a vida. O mundo laboral caminha a passos largos para a contratação de serviços e nós devemos dispor e oferecer um serviço diferente, valioso, coerente e atractivo. Isso é o que na essência propõe a teoria da marca pessoal. E todos, de um modo ou de outro, somos tão especiais como Mourinho diz que é.

Vejamos, em jeito de resumo, cinco chaves das cinquenta que propõe Tom Peters para a criação da nossa EU, LDA.

1. Pensar como um empreendedor, sempre

Mesmo os que têm emprego fixo têm de agir com mentalidade de *freelance*.

2. Perseguir a excelência

Ser suficientemente bom não é suficientemente bom.

3. Alimentar a nossa rede de contactos
Não nos isolemos, há que manter contactos. Com pessoas interessantes, combinar um almoço, um café, uma simples conversa. Criemos a nossa própria rede de contactos.

4. Paixão pela renovação
Vivemos num mundo em constante mudança e a aposta na formação constante é a melhor que podemos fazer.

5. Confiar nas novas tecnologias
Não é preciso ser especialista, mas sim ter consciência de tudo o que as novas tecnologias podem oferecer. Utilizemo-las em nosso proveito!

30.ª LEI ESFÉRICA

Não há melhor investimento que o que fazemos na nossa marca pessoal.

CAPÍTULO 31

«Apesar de todas as limitações e mudanças no plantel, fomos capazes de encontrar soluções criativas.»

GUUS HIDDINK

Este holandês errante especializou-se na direcção de outras selecções que não a sua, com grande êxito, como o de levar a Coreia do Sul ao Mundial de futebol ou conseguir a qualificação da Austrália pela segunda vez na sua história.

É curioso saber que a sua trajectória como jogador na Holanda foi bastante mais modesta e nunca conquistou um título oficial.

Como treinador teve de motivar grupos para alcançarem feitos que nunca antes tinham alcançado e fê-lo procurando sempre o entusiasmo e a criatividade dos seus jogadores para compensar a menor experiência frente a outras equipas.

Guus Hiddink sabe que o grande inimigo da criatividade é o medo e por isso trabalha a mentalidade dos jogadores para não temerem os adversários, por mais poderosos que sejam, ainda que o verdadeiro inimigo esteja sempre dentro de cada um.

A raiz de todas as dúvidas inibidoras encontra-se no medo de fracassar.

O professor de psicologia Mihaly Csikszentmihalyi faz a seguinte reflexão sobre o assunto:

> «Uma pessoa pode fazer-se feliz ou infeliz, independentemente da realidade lá "fora", apenas com a mudança dos

conteúdos da sua consciência. Todos conhecemos pessoas que transformam situações desesperadas em desafios a superar, só com a força da sua personalidade. Esta capacidade de perseverança, apesar dos obstáculos e retrocessos, é a qualidade que mais admiramos nos outros, e com justiça, porque é com certeza a característica mais importante não só para alcançar êxito na vida, mas também para o gozar.»

Depois de deixarmos de recear os resultados negativos, assumimos o controlo da nossa energia criativa e podemos realizarmo-nos através das missões que estabelecemos.

Abraham Maslow, um dos grandes expoentes da filosofia humanista, estabelecia estas dez características das pessoas realizadas:

1. Ter uma percepção clara da realidade.
2. Aceitar-se tal como é.
3. Agir com espontaneidade.
4. Saber concentar-se no problema presente.
5. Procurar amiúde a solidão.
6. Ser autónomo.
7. Possuir valores éticos.
8. Ser sociável por natureza.
9. Ter sentido de humor.
10. Dar rédea solta à criatividade.

Afinal trata-se de desenvolver todos os aspectos que fazem um ser humano completo e é por isso que os grandes treinadores trabalham sempre com o objectivo de cimentar os valores dos grandes jogadores.

Detenhamo-nos nas dez particularidades que terminam com a da criatividade para ver se há alguma que deva fazer parte da nossa despensa de recursos pessoais. Uma pessoa realizada, que conhece o porquê dos seus objectivos, tem melhor desempenho nas suas tarefas e atingirá com facilidade as metas determinadas.

31.ª LEI ESFÉRICA

Não há melhor combustível para o êxito que conceder um sentido profundo ao que fazemos.

CAPÍTULO 32

«Não importa o dinheiro que ganhas. Só podes fazer três refeições por dia e dormir numa só cama.»

ARSÈNE WENGER

Esta frase tão acertada foi pronunciada pelo treinador do Arsenal, referindo-se a uma negociação que envolvia o jogador Nicolas Anelka. Esta visão tão lúcida como pragmática define um homem que chegou ao clube londrino em 1996 e desde então rege os seus destinos.

ArsèneWenger soube transmitir a sua filosofia de vida a jogadores que se revelaram durante a sua tutela, como são os exemplos de Patrick Vieira, Robin van Persie ou Cesc Fàbregas.

Uma das grandes dificuldades dos *managers*, como designam em Inglaterra os treinadores de futebol, é a de terem de trabalhar com rapazes jovens que, com grande frequência, não têm formação cultural, contudo têm muito dinheiro e são admirados onde quer que vão. Como conseguir que alguém assim não se transforme num monstro vaidoso?

Trabalhando o valor da humildade e recordando aos jogadores que não são mais que pessoas simples e trabalhadoras.

Sobre isto há um conto, de autor desconhecido, que ilustra na perfeição o significado da riqueza.

Conta-se que, um dia, um pai de família rica e muito bem na vida levou o seu filho numa viagem pelo campo com o firme propósito de mostrar ao jovem a ventura que tinha por poder usufruir de tal posição e se sentisse orgulhoso disso.

Passaram o fim-de-semana todo fora e alojaram-se numa quinta de gente do campo, muito humilde. Terminada a viagem, de regresso a casa, o pai perguntou ao filho:

– Que te pareceu a experiência?

– Boa – respondeu o filho, com o olhar perdido no horizonte.

– Tiveste noção de quão pobre pode ser uma pessoa?

– Sim, papá.

– E que aprendeste, então? – insistiu o pai.

– Muitas coisas, papá, que nós temos um cão e eles têm quatro; nós temos uma piscina com água parada que ocupa metade do jardim e eles têm um rio sem fim, de água cristalina, onde há peixinhos e outras maravilhas; que nós temos lâmpadas importadas para iluminar o jardim e eles se alumiam com as estrelas e com a Lua; que o nosso terraço chega até à vedação e o deles abarca o horizonte; que nós compramos a nossa alimentação e eles semeiam e colhem a sua; nós cozinhamos num fogão eléctrico e eles, tudo o que comem tem esse espantoso sabor do fogão a lenha; para nos protegermos, vivemos rodeados por muros, com alarmes, enquanto eles vivem com as portas abertas, protegidos pela amizade dos vizinhos. Nós vivemos agarrados ao telemóvel, ao computador e ao televisor e eles, por seu lado, estão ligados à vida, ao céu, ao Sol, à água, ao verde dos montes, aos animais, aos afazeres agrícolas. Tu e a mãe têm de trabalhar tanto que quase não os vejo. Eles têm tempo para falar e conviver todos os dias em família.

Terminado o relato do filho, o pai ficou mudo. Então, o filho acrescentou:

– Obrigado, papá, por me teres mostrado como somos pobres e que podemos chegar a ser ricos.

32.ª LEI ESFÉRICA

A nossa maior riqueza é agradecer que não nos falte o necessário.

CAPÍTULO 33

«Goooooooolo!»

VÁRIOS AUTORES

Sem dúvida, não existe um único futebolista ou adepto que, na sua vida, nunca tenha comemorado um golo.

Esta palavra que se grita com os braços levantados e os punhos fechados é uma das mais internacionais que existem. E das mais positivas.

Além disso, como assegurava o ex-jogador e ex-treinador argentino Jorge Valdano, o golo é a essência do futebol. A essência e a razão de ser.

Marcar muda tudo. Uma equipa pode estar a perder por 3 a 0, mas se conseguir fazer entrar a bola nas redes adversárias, os jogadores enchem-se de esperança e pensam que ainda é possível vencer, mesmo que estejam no minuto 80. Um golo é esperança. É igual se é bonito, feio, de bicicleta ou de recarga. Um golo é um golo e é para festejar. Os jogadores abraçam-se, beijam-se, ficam loucos e despem as camisolas mesmo sabendo que isso lhes custará o cartão amarelo.

Que acontece, então, com os golos que nós marcamos? Festejamo-los? Sabemos felicitar-nos pelas coisas que fazemos bem? Comemoramos os êxitos que alcançamos?

De maneira nenhuma! A maior parte de nós está habituada a detectar o que faz mal e minimizar o que faz bem. Ensinaram-nos a pensar que «a lisonja debilita». E é certo que o elogio enfraquece, porém, tão importante como não se deixar seduzir pelos enaltecimentos é tratar-se a si mesmo com justiça.

O mais preocupante é que às vezes nem sabemos que conseguimos marcar um golo e assim perdemos uma ocasião extraordinária para sentir essa mesma esperança que vivem as equipas quando marcam um golo. Perdemos a oportunidade de comemorar, de nos congratularmos e nos darmos conta de que, se o conseguimos uma vez, podemos consegui-lo uma vez mais. Com o ânimo que ganhamos, em consequência, fazemos as coisas bem.

Se não nos damos conta dos resultados positivos na nossa vida, é muito possível que abandonemos um bom caminho apenas porque não nos apercebemos de que nos conduz precisamente onde queremos ir.

Como fazê-lo?

A resposta, uma vez mais, pode encontrar-se no futebol. Ver as melhores jogadas da jornada como quem vê o resumo da partida que a sua equipa jogou. Dez minutos por dia são suficientes e muito proveitosos. Será um tempo de análise e reflexão, uma antecâmara da meditação.

Estes passos podem ajudar:

1. Instalamo-nos confortavelmente
Recostados na cama ou em descanso no sofá, fechamos os olhos e respiramos com consciência para que a fadiga acumulada e as preocupações se diluam.

2. Visualizamos o nosso dia
Revemos os momentos mais importantes, as melhores jogadas, os momentos positivos que merecem comemoração. Não procuramos grandes, mas pequenos momentos como a recordação do aniversário de um amigo ou o facto de ter conseguido manter a calma num ambiente de altercação.

3. Congratulamo-nos

Cada vez que nos deparemos com um desses golos quotidianos, pensemos nele com atenção para nos alegrarmos por ter agido daquela maneira.

4. Projectamo-nos

No dia seguinte, repetir os acontecimentos com que nos felicitámos.

33.ª LEI ESFÉRICA

Comemorar os golos diários ajuda a marcar mais golos.

CAPÍTULO 34

«Os que dizem "os homens de verdade não choram" é porque nunca jogaram futebol com verdadeira paixão.»

DAVID BECKHAM

Mais conhecido, nos dias de hoje, pela sua faceta de modelo do que pelas qualidades futebolísticas, o autor desta frase inundou as revistas de todo o mundo ao casar-se com a Spice Girl Victoria Adams.

Considerado, na sua época, o melhor marcador de pontapés-livres do mundo, a que dava um efeito endiabrado. O seu casamento deu-lhe uma nova dimensão pública com constantes mudanças de imagem que o converteram num ícone da chamada metrossexualidade.

Beckham começou a exibir penteados com tranças, cristas e brincos, a utilizar cosméticos e a ostentar arrojados trajes de estilistas como um *fashion victim*, na aparência mais preocupado com o estilismo do que com a sua carreira desportiva que se foi apagando bastante antes de descalçar as botas.

Não obstante, foi sempre um apaixonado pelo seu desporto, sem qualquer pejo em mostrar os seus sentimentos quando algo se complicava.

Albert Camus, sobre o seu passado como futebolista no Racing Universitário de Argel, comentaria:

«AMAVA A MINHA EQUIPA PELA ALEGRIA DA VITÓRIA E PELO ESTÚPIDO DESEJO DE CHORAR NAS NOITES DAS DERROTAS.»

Isto remete-nos para a declaração de Beckham que encabeça este capítulo e põe em causa o mito de que os homens não choram.

Num artigo publicado no *La Vanguardia* por Maite Gutiérrez, a jornalista comentava a esse respeito:

> «Parte da sociedade continua a relacionar choro com fragilidade. A tradição cultural tinha os papéis muito definidos: o homem, forte por natureza, controla-se de forma espartana; a mulher, delicada e sensível, precisa de se exprimir através de lágrimas. Este padrão prevalece ainda em certos indivíduos embora esteja a enfraquecer a pouco e pouco. "A forma de expressar os sentimentos sofreu uma mudança significativa a par da evolução social. Se um homem está seguro de si mesmo, tranquilo, não terá objecções em mostrar o que sente", defende o psiquiatra Pere Planas.
>
> Serão as pessoas mais frágeis pelo facto de não evitarem chorar? "De modo nenhum!", responde o especialista. "Os fracos são os outros, os que pela sua insegurança têm um comportamento agressivo, machista ou se fecham em si mesmos", continua. Contudo, agora eles têm licença para se emocionarem e isso "apesar de ainda aborrecer muitas pessoas ver um homem chorar", insiste Pere Planas. Quanto às mulheres, houve também mudanças. Já restam poucos vestígios do "velho líquido para amolecer corações" de que falava Spencer Tracy no filme *A Costela de Adão*.»

Uma das coisas que temos de agradecer ao futebol é a de ter permitido a milhões de homens em todo o mundo romper em lágrimas quando a sua equipa levanta uma taça ou chorar de frustração quando perde uma Liga no último minuto ou quando a sua equipa se deixa vencer depois de uma estóica luta, semana após semana.

Este desporto desperta emoções em mulheres e em homens.

34.ª LEI ESFÉRICA

Se não nos emocionamos com o que fazemos significa que não estamos no jogo a 100%.

⚽⚽⚽

CAPÍTULO 35

«Quando pretendemos que alguém não coma, o que há a fazer é impedir que a comida saia da cozinha.»

JUAN CARLOS LORENZO

Cidadão do mundo. No futebol, Juan Carlos *Toto* Lorenzo triunfou na sua Argentina natal como jogador e como treinador, sobretudo no Bocas Juniors. No seu palmarés conta com a Taça dos Libertadores, por exemplo.

Este médio-centro também deixou a marca da sua personalidade em clubes europeus como o RCD Mallorca, o Sampdoria ou o Roma. E no banco ou no terreno de jogo, *Toto* soube sempre criar um lugar no coração das várias classes de adeptos das equipas por onde passou. E com frases como a que abre este capítulo, além do mais, ganhou um lugar no templo futebolístico das frases míticas.

«COMO VENCER UMA EQUIPA QUE TEM UM GRANDE AVANÇADO? MUITO SIMPLES: QUANDO SE QUER QUE ALGUÉM NÃO COMA, O QUE HÁ A FAZER É IMPEDIR QUE A COMIDA SAIA DA COZINHA E POR ISSO NÃO TENHO DE ME PREOCUPAR COM O *GARÇON* MAS COM O COZINHEIRO.»

De facto, a solução para qualquer problema passa por saber a sua origem, a fonte. Desta forma conseguiremos ser muito mais efectivos, mas precisamos também de agir com rapidez, não deixar que o problema se avolume ou se transforme noutros problemas.

Existe um conto *zen* que ilustra muito bem esta questão:

> «Um homem do reino de Chu cruzava um rio no seu barco quando, de repente, a sua espada caiu à água. Com tranquilidade, fez uma marca no lado do barco por onde caíra a arma enquanto dizia:
>
> – Foi aqui que caiu a minha espada. Tenho tudo controlado!
>
> Quando o homem chegou à outra margem, mergulhou na água para procurar a espada exactamente no ponto que marcara. Porém, a espada não estava lá. Como era possível? O homem foi para casa muito frustrado a pensar como era possível que o seu método para localizar a espada tivesse falhado.»

Ainda que nos pareça exagerado, este conto esconde uma grande verdade que nos diz respeito directamente porque em muitas situações não estamos tão longe de assinalar o barco para encontrar a nossa espada.

Quantas vezes não detectámos um problema e pensámos que a seguir o resolveríamos? Não é essa mesma atitude que tem a personagem do nosso conto *zen*?

Para enfrentar qualquer problema existem quatro passos fundamentais para o resolver:

- **Reconhecer** que temos um problema. Sem este «reconhecimento da realidade» em que nos podem ajudar as pessoas que nos estimam, jamais poderemos avançar.

- **Analisar** e procurar a verdadeira origem do problema. Nesse ponto é preciosa a autocrítica e a auto-avaliação.

- **Distinguir** entre as causas e as consequências do problema. Aqui entram em jogo a nossa audácia e critério. Um dos erros que todos cometemos, com mais frequência, é o de não saber distinguir entre causa e efeito.

- **Actuar** de imediato, com medidas concretas e realizáveis a curto prazo.

35.ª LEI ESFÉRICA

Não basta detectar o problema,
é preciso agir para o resolver.

CAPÍTULO 36

«No futebol és sempre julgado pelo teu último jogo.»

THIERRY HENRY

Esta afirmação tão acertada pertence ao maior goleador de todos os tempos da selecção francesa. Além de ser o melhor marcador da história do Arsenal.

A carreira de *Tití* Henry começou a decair pouco depois de abandonar as fileiras dos *gunners* até que por fim reapareceu na Major League Soccer que, por sua vez, o cedeu ao Arsenal uns meses para regressar depois ao New York Red Bulls.

Tal como reza o aforismo de Henry, a vida de um avançado, que vive do golo, tem grandes altos e baixos, mas o que está claro é que só será recordado pelo que fez em último lugar. Não pode dormir sob os prémios porque amanhã já não importam.

São indiferentes as vitórias ou as derrotas conseguidas no passado. Todos os dias temos de sair ao ataque e jogar a nossa partida.

Sobre a importância de não adormecer sob os galardões, conta-se uma história de autor desconhecido sobre o peixe fresco no Japão que, verdadeira ou não, serve para explicar a importância de nunca baixar os braços:

> «Os japoneses sempre adoraram peixe fresco. Porém, as águas próximas do Japão deixaram de ter peixe há décadas. Para alimentar a população fabricaram barcos pesqueiros de

maiores dimensões para poderem ir mais longe, mar dentro. Quanto mais longe iam os pescadores mais era o tempo que tardavam a regressar à costa e descarregar o peixe. Assim, se a viagem durava vários dias, o peixe já não estava fresco, o que desagradava aos clientes.

Para resolver este problema, as companhias pesqueiras instalaram congeladores nos barcos e desse modo podiam pescar e conservar o peixe nos congeladores. Por outro lado, os congeladores permitiam aos barcos ir ainda mais longe e por mais tempo.

Contudo, os japoneses notavam diferença entre o peixe congelado e o peixe fresco e não gostaram do congelado e assim esse peixe tinha de ser vendido mais barato.

Como solução, as companhias instalaram tanques para os peixes, nos barcos pesqueiros. Pescavam, metiam os peixes nos tanques e mantinham-nos vivos até à chegada à costa do Japão.

Tudo estaria perfeito não fosse o facto de os peixes deixarem de se movimentar nos tanques, decorrido pouco tempo. Estavam vivos mas aborrecidos e cansados. Por azar, os japoneses também notaram a diferença de sabor já que, quando os peixes deixam de se mover alguns dias perdem o sabor "fresco-fresco". E claro, os japoneses preferem o sabor do peixe bem vivo e fresco, não o dos peixes tristes e fatigados que os pescadores lhes traziam.

Como resolveram o problema as companhias de pesca do Japão? Como conseguiram trazer peixe com sabor fresco-fresco?

Embora continuassem a meter o peixe nos tanques, as companhias pesqueiras juntaram-lhes um tubarão pequeno. Claro que o tubarão come alguns peixes, mas os que restam chegam muito, mas mesmo muito vivos… têm de nadar durante todo o trajecto para se manterem vivos!»

A mensagem desta história moderna é clara. Assim como as empresas têm de se adaptar constantemente às exigências dos seus clientes e os nomes dos avançados deixam de ser lembrados quando deixam de marcar golos, também a nossa vida pessoal precisa de renovação constante para não perder brilho.

Utilizando o cerne desta história, devemos colocar um tubarão no nosso tanque.

36.ª LEI ESFÉRICA

As soluções de ontem são fósseis que não servem para dar energia ao dia de hoje.

CAPÍTULO 37

«Sem saber que era impossível, fui e consegui-o.»

CARLOS ALBERTO PARREIRA

Quando, no Mundial da África do Sul, se sentou no banco da selecção sul-africana, conhecida por *Bafana Bafana*, Carlos Alberto Parreira tornou-se o treinador de futebol que mais mundiais disputou em toda a história: seis. Entre eles o que ganhou com a Canarinha, nos Estados Unidos. Sem dúvida uma marca que a qualquer um se apresentaria impossível, impensável, inalcançável, mas como costuma acontecer com o impossível, alguém o consegue.

De um modo geral, somos nós que colocamos o limite do impossível e é justamente dos limites auto-impostos que trata esta frase que Parreira tomou emprestada do polifacetado e multiartístico Jean Cocteau, homem de reflexões plenas de inteligência, beleza e genialidade.

Antes de prosseguir, podemos apreciar algumas delas:

> «NÃO SE DEVE CONFUNDIR A VERDADE COM A OPINIÃO DA MAIORIA.»

> «UM COPO MEIO VAZIO DE VINHO É TAMBÉM UM COPO MEIO CHEIO, MAS UMA MEIA MENTIRA DE MANEIRA NENHUMA É UMA MEIA VERDADE.»

«A ÚNICA TÉCNICA QUE VALE A PENA DOMINAR É A QUE CADA UM INVENTA.»

«O QUE OS OUTROS REJEITAM EM TI, CULTIVA-O. ISSO ÉS TU.»

Cocteau é também autor da frase «conseguiram porque não sabiam que era impossível», embora esta seja muitas vezes erradamente atribuída a Jack Kerouac.

Seja como for, o importante é perceber que os limites nunca estão nos desafios, mas na nossa atitude ou na dos que nos rodeiam porque tão limitadoras são as próprias dúvidas como os comentários de desalento, disfarçados de realistas. Como disse Edison: «Os que dizem que é impossível não deviam aborrecer nem interromper os que estão a tentar fazê-lo.»

Contudo, nem sempre é assim, e entre uns e outros esquecemos que impossível é o que nem nos propomos, o que nem nos atrevemos a imaginar.

Por sorte, a história da humanidade está cheia de inconformistas que levaram as suas capacidades até ao limite. E é disso que se trata: tentar como se nada pudesse correr mal, como se tudo fosse, efectivamente, possível. Com esta atitude, pode chegar-se até à Lua, que foi na realidade um dos maiores desafios que a humanidade se propôs no século passado. E conseguiu-o!

É muito inspirador o referido discurso em que J. F. Kennedy anunciou que o Homem iria à Lua enquanto muitos pensavam que isso era uma impossibilidade absoluta. Foi em 12 de Setembro de 1962, na Rice University. Num capítulo anterior, citámos outra parte deste discurso que continuou com a seguinte predição:

«Nós enviaremos à Lua, a mais de 300 000 quilómetros de distância da estação de controlo de Houston, uma nave gigantesca. Esta será criada com novas ligas metálicas, muitas das quais ainda não foram inventadas.

[...] A nave levará todo o equipamento necessário para a propulsão, guia, controlo, comunicação, alimentação e sobrevivência. [...] depois, fá-la-emos regressar de forma segura e entrará na atmosfera a uma velocidade superior a 56 000 quilómetros por hora, a uma temperatura tão elevada como a do Sol, quase tão calorosa como a que hoje temos aqui. Vamos fazer tudo isto, bem feito e em primeiro lugar, antes de terminada esta década.»

Ainda hoje, ao lê-lo, poderíamos pensar que era um desafio despropositado. Porém, em Julho de 1969, poucos meses antes de expirar o prazo anunciado por JFK, o homem chegou à Lua. Impossível?

37.ª LEI ESFÉRICA

Dentro do impossível está a palavra possível.

CAPÍTULO 38

«Todos ao mesmo ritmo.»

LEMA DO MUNDIAL DE FUTEBOL DO BRASIL 2014

Este foi o lema escolhido para o Campeonato do Mundo do Brasil 2014. Esta frase foi escolhida entre vinte e seis candidatas pela sua capacidade de resumir o sentimento de uma nação. Ronaldo Nazário de Lima, bicampeão do mundo e membro do comité organizador, resumiu assim a força desta mensagem: «No Brasil, o ritmo do futebol está em todo o lado, junta pessoas de todas as idades e de todos os estratos sociais.»

No Brasil, não só o futebol tem este ritmo poderoso, também o samba contagia o país inteiro com o poder da alegria e da esperança. Em todos os recantos do país existem programas sociais e solidários, nos quais, através da música e do ritmo, se oferecem oportunidades às comunidades mais desfavorecidas.

Podemos ver um bom exemplo disso no extraordinário documentário *El milagro de Candeal* de Fernando Trueba, laureado com o Óscar para melhor filme estrangeiro em 2012. Neste filme, rodado na íntegra na favela de Candeal (Salvador da Bahia), descobrimos como a música oferece a solidariedade necessária para a melhoria de vida de uma comunidade.

O ritmo e a esperança podem também invadir a nossa vida, basta dançar. Na maior parte dos países ocidentais ou ocidentalizados, a dança foi relegada para a noite: discotecas, álcool, luzes coloridas e sons em alto volume.

Não é a este tipo de dança que nos referimos. Falamos de harmonia, de bailar por bailar, de expressão corporal, de deixar fluir ao ritmo da música.

Há quanto tempo não dança assim?

Com certeza, há demasiado tempo. Talvez tenhamos mesmo de recuar à infância.

Barbara Craddock, bailarina e coreógrafa profissional especializada em dança latina, escreveu um ilustrativo artigo intitulado *Los Beneficios de Bailar*. Ler algumas das suas revelações levar-nos-á a mexer os pés e com eles o espírito.

1. A dança é um perfeito e recomendável **exercício cardiovascular** que aumenta a capacidade pulmonar, proporciona flexibilidade e corrige maus hábitos de postura adquiridos com a vida sedentária.

2. **Previne a artrite** uma vez que o movimento lubrifica as articulações, além de ser recomendado pelos médicos na prevenção da osteoporose.

3. Ajuda a controlar o peso porque **queima calorias**, ao ritmo que cada um se proponha.

4. **Aumenta os níveis do HDL**, conhecido como colesterol bom, e diminui o LDL, o colesterol mau.

5. Como a dança requer antecipação, controlo, memória e aprendizagem, ajuda a manter **o cérebro em forma**.

6. Trabalha-se **a coordenação e os reflexos**.

7. Faz subir **os níveis de endorfinas** porque a dança promove a felicidade e o estado de espírito positivo.

8. Potencia a **interacção social** porque proporciona o conhecimento de outras pessoas e a amizade.

9. Fomenta a **diversidade cultural** e aproxima-nos de outras danças e forma de se relacionarem com o ritmo.

38.ª LEI ESFÉRICA

Há que movimentar o corpo para que as ideias fluam.

CAPÍTULO 39

«Não havia tempo para pensar. Simplesmente, chutei.»

ANDRÉS INIESTA

A frase refere-se ao golo marcado pelo génio manchego, no minuto 93, ao Chelsea quando a sua equipa estava virtualmente eliminada da semifinal da Liga dos Campeões.

Quando os barceloneses pensavam que tudo estava perdido, o milagre aconteceu e o protagonista explica deste modo o letal disparo que desferiu de fora da área, já em tempo de desconto.

Era tempo de pensar com os pés para Iniesta, que conseguiu o impossível e inundou de felicidade milhões de seguidores. Este é o poder da acção!

Muitos se terão perguntado como é possível, num momento de pressão extrema, acertar no alvo. Como conseguiu Andrés Iniesta, no ambiente de um estádio que vociferava e pedia o final do jogo, concentrar-se e meter a bola pelo único buraco possível até ao fundo da rede?

O investigador e orientador André Malby resumiu nos seguintes dez pontos «a lei do arco», um guia para acertar no alvo nos momentos mais importantes da nossa vida:

1. O arco, a flecha, a Diana e o archeiro são uma e a mesma coisa.
2. Lançar o arco é estabelecer uma ponte entre as coisas.
3. A consciência na arte do arco chama-se trajectória.

4. Não se pode lançar uma flecha contra uma vida porque a própria flecha é vida.
5. A Diana é sempre o retrato do archeiro.
6. A flecha é a consciência do archeiro.
7. O arco é o archeiro.
8. O mestre archeiro é arco, é flecha, é Diana, é trajectória.
9. O mestre archeiro não precisa nem usa jamais arco, flecha ou Diana porque ele é tudo isso e ao sê-lo é o Universo.
10. O mestre archeiro é mestre antes de archeiro.

Este texto enigmático lembra a história que conta Eugen Herrigel em *Zen o el arte del tiro con arco*, que explica a aprendizagem do autor com um mestre de tiro ao alvo, Kyudo, de Tóquio.

Entre os ensinamentos que aprendeu de um mestre que lhe dizia que «o archeiro aponta para si mesmo», no sentido que todo o progresso começa pela melhoria de si mesmo, a mais difícil era alcançar a espontaneidade que no futebol seria o equivalente a «pensar com os pés».

Atentemos nestas instruções que Herrigel recebeu:

> «Não pense no que deve fazer, não reflicta no modo de o levar a cabo! Só se surpreende o archeiro, o disparo sai com suavidade. Há-de ser como se a corda se soltasse de repente do polegar que a sustém, sem que você tenha intenção de abrir a mão.»

39.ª LEI ESFÉRICA

Quando deixamos de pensar e de lutar, as coisas acontecem de forma natural.

⚽⚽⚽

CAPÍTULO 40

«O futebol é uma desculpa para ser feliz.»

JORGE VALDANO

Valdano é um desses profissionais que teve a sorte de viver o futebol de quase todos os ângulos: jogador, treinador, director geral, comentador, conferencista…

Este argentino, nascido em Las Parejas, Santa Fé, destruiu o falso mito que os jogadores não são muito cultos nem muito inteligentes.

Jorge Valdano é um intelectual do futebol que, além do mais, não se ficou pela teoria. Ganhou o Mundial e uma enorme quantidade de títulos e reconhecimentos internacionais.

Talvez por possuir esta experiência acumulada, é capaz de lançar aforismos com o mesmo efeito com que chutava à baliza. O que aqui nos ocupa não deixa de surpreender. É preciso uma desculpa para ser feliz? Pode o futebol ser uma delas? É tão importante assim?

Poderíamos pensar que se trata de uma frase algo exagerada, que o futebol não deveria, sobretudo para o adepto, ser tão importante, tão vital, mas a verdade é que este desporto ultrapassa o terreno de jogo, ultrapassa as fronteiras do racional e da lógica.

A psicologia dá razão a Valdano. O futebol bem pode ser uma desculpa para ser feliz já que o estádio é uma fonte do que é conhecido como experiência do *flow*, termo adoptado por

Csikszentmihalyi, um dos pais fundadores da psicologia positiva, citado num capítulo anterior.

Como resumo, podemos definir uma experiência *flow* com o exemplo de uma situação em que nos encontramos completamente absortos numa actividade sem outro objectivo que o da própria actividade. Perdemos a noção do tempo. Tudo converge para essa actividade e nada nos distrai. Não faz lembrar o futebol?

O próprio Csikszentmihalyi, no seu conhecido livro *Flow, una psicología de la felicidad*, explica o rotundo êxito dos desportos como fenómenos de massas (em particular o futebol) por provocar nos espectadores experiências de «fluxo».

Com a sua tensão e incerteza, o futebol prende-nos e faz-nos entrar nesse estado que partilha com a experiência *flow*:

1. **Objectivos claros**, já que as expectativas e normas são claras e os objectivos alcançáveis.
2. Os objectivos são **alcançáveis**.
3. Existem uns níveis de **concentração** altíssimos, quase plenos.
4. ***Feedback* directo e imediato,** e os êxitos e fracassos, no curso da actividade, são óbvios e totalmente perceptíveis.
5. A actividade é **intrinsecamente gratificante**.

Porém, Csikszentmihalyi adverte que o futebol é um *pseudo-flow* que, embora partilhe algumas especificidades, não é com exactidão uma genuína experiência.

Poderíamos dizer que é, como disse Valdano, uma simples desculpa.

O futebol é a mais importante das coisas que não são importantes, é certo. Mas todos podemos encontrar na nossa vida uma actividade que nos proporcione essas genuínas doses de *flow*, necessárias à felicidade. Estas experiências permitem-nos viver com maior plenitude e com mais intensidade.

Para alguns será a escrita, para outros a bricolagem e há até quem encontre o seu *flow* a correr maratonas. É indiferente, o que importa é que uns e outros, se encontrarem essa actividade, conseguirão:

1. **Junção** de acção e consciência.
2. **Alteração do sentido do tempo**. Muda a percepção da experiência temporal.
3. Sentimento de **controlo** pessoal sobre a situação ou actividade.
4. Sensação de **estar absorvido** nas suas actividades. O foco de consciência restringe-se à actividade em si. Acção e tomada de consciência fundem-se.

40.ª LEI ESFÉRICA

Quando o que se está a fazer flui, a felicidade e a excelência seguem de mãos dadas.

CAPÍTULO 41

«As palavras têm pouca importância. Por vezes, uma carícia, um abraço, um olhar dizem mais que muitas palavras.»

MAURICIO POCHETTINO

O actual treinador do Southampton representa esse novo espírito que está a renovar os bancos das equipas de todo o mundo. Jovem, educado, calmo, ponderado, amante do bom jogo... Pochettino é, além de tudo isto, um mestre da motivação, da transmissão às suas equipas dessa coragem adicional que marca a diferença tanto no desenvolvimento de uma partida, como ao longo de um campeonato. No início da sua carreira não foi fácil, na realidade foi quase uma missão impossível.

Corria o ano de 2009 quando o RCD Espanyol de Barcelona estava já condenado a descer de divisão. Antes, nunca uma equipa da Liga conseguira salvar-se com tão poucos pontos. A situação era desesperada e a direcção procurou uma solução desesperada e recorreu a uma das lendas do clube, Pochettino, que treinava a selecção de futebol feminino.

A primeira acção empreendida por Pochettino ao chegar ao seu cargo não foi delinear a táctica, nem a estratégia, nem mudar o sistema. A primeira coisa que fez foi falar com os adeptos e pedir-lhes apoio, que acreditassem na equipa e a incentivassem.

Mas não se ficou por aí! Pochettino, a quem chamavam com carinho «o xerife», abriu o balneário a uns quantos seguidores para que decorassem as paredes com um mural que lembrasse os jogadores que não estavam sós, imagens que gritassem que a massa associativa os apoiava e que, acontecesse o que acontecesse, estaria ao seu lado.

Em troca só lhes pediam que não deixassem de tentar. A versão futebolística, semelhante à mítica frase do Nobel da Literatura Samuel Beckett e que o tenista suíço Wawrinka tem tatuada no braço:

«SEMPRE TENTASTE. SEMPRE FALHASTE. NÃO IMPORTA! TENTA DE NOVO. FALHA DE NOVO. FALHA MELHOR.»

A experiência funcionou e a equipa conseguiu, contra todos os prognósticos. A duas jornadas do fim do campeonato já estava salva. Foi uma façanha que nos demonstra que, por vezes, as palavras não conseguem o que conseguem os gestos, os abraços, os sorrisos. Talvez seja por isso que os treinadores gesticulam tanto nas laterais.

A propósito disto, existe uma história fantástica que fala de um gesto que, embora não corresponda às palavras, pode servir-nos como motivação extra, como combustível para prosseguir quando parece impossível:

«Era uma vez dois pássaros que caíram num poço de água suja. Com as asas empapadas e cheias de lama, os passarinhos não conseguiam voar.

O acontecido chegou ao bosque e muitos animais aproximaram-se do poço para ver como podiam ajudar, mas a situação era tão desesperada que ninguém podia fazer nada.

– Desistam, não têm possibilidades. Ninguém vos pode ajudar – diziam-lhes alguns animais.

– O poço é fundo de mais. Rendam-se – asseguravam outros, enquanto levavam as mãos à cabeça.

Porém, os dois pássaros continuavam a lutar, como se esperassem que numa dessas tentativas se produzisse um milagre.

Mas, por mais que tentassem, os passaritos persistiam em esvoaçar e esvoaçar até que, por fim, com forças que eles próprios desconheciam, conseguiram sair do poço.

Os animais que tinham presenciado a cena perguntaram-lhes muito surpreendidos:

– Não nos ouviam quando lhes dizíamos que era melhor desistirem?

– Desistir? – respondeu um dos pássaros. – Não, dali de baixo não se ouvia nada e com os gestos que faziam pensávamos que nos estavam a incentivar.»

41.ª LEI ESFÉRICA

Utiliza os teus gestos para chegares onde não chegam as tuas palavras.

CAPÍTULO 42

«Não os subestimámos. Apenas eram muito melhores do que pensávamos.»

BOBBY ROBSON

O futebolista e treinador inglês, com a distinção de *Sir*, pronunciou estas palavras depois de um empate de um a um contra a Colômbia.

Uma reflexão distinta de um dos últimos cavalheiros do futebol que faz aqui uma demonstração de humildade, um valor que nem sempre está presente no mundo do futebol, como também não o está na vida.

O escritor e conferencista Álex Rovira aprofunda deste modo os dons da humildade:

> «Na sua etimologia a palavra "humildade" refere-se ao essencial, à terra. Porque a palavra "humildade" tem a sua origem na palavra latina *humilis* e esta por sua vez em *humus*: aquilo de que a natureza se desprende e que a enriquece, fertiliza e faz crescer.
>
> A humildade implica a libertação do acessório em benefício do essencial. Convida-nos a entender as nossas verdadeiras limitações, as que nos tornam humanos e que, graças a elas, podemos tomar consciência do que nos falta fazer e crescer. Por esse motivo, a expressão sincera da humildade não é sinal de ingenuidade ou debilidade, antes pelo contrário, é sinal de lucidez e de força interior.

Longe de ser frágil, a humildade mostra-nos a grandeza da pessoa que a manifesta precisamente porque nasce do sentimento da própria carência: há sempre algo ou alguém com quem aprender, é sempre possível melhorar.

Qualquer pessoa pode sempre questionar-se sobre o valor e o sentido do que está a fazer na sua vida pessoal e profissional e a partir dali enfrentar novos desafios, desenvolver novas competências, aprender novas lições ou construir novas ligações. Daí que a humildade ande de mão dada com a consciência e tenha um enorme poder de revelação porque a partir dela as perspectivas de pensamento e de comportamento são infinitas, uma vez que nascem do sentido comum, da dúvida racional, da simplicidade que reconhece que ainda há muito trabalho por fazer, sempre, para empregar a qualidade em todas as dimensões: no próprio, na relação com o outro, nos seus actos ou criações, na vida.»

A prática da humildade não se limita a reconhecer os erros ou defeitos, como foi o caso de Bobby Robson, mas pode direccionar-se para acções concretas, de modo a facilitar a vida dos outros. Segundo Álex Rovira, entre as virtudes da humildade estariam:

- Saber ouvir. Acolher alguém com receptividade silenciosa e reprimir a nossa própria necessidade de falar e ao mesmo tempo corresponder à necessidade do outro de ser escutado, acompanhado, respeitado.

- A gratidão é também uma oferta que nasce da humildade e do reconhecimento do outro. Com ela crescem as duas partes que partilharam o intercâmbio aprazível.

- As carícias e a ternura são na essência pura humildade pois nascem da pele, da nudez e remetem-nos para o essencial. Nelas reencontramo-nos e expressamos o que as palavras não conseguem transmitir.

- Respeitar a necessidade de isolamento do outro pode ser um grande presente que nasce da humildade neste tempo em que um dos maiores e mais raros bens são o silêncio e a tranquilidade.

42.ª LEI ESFÉRICA

Cultiva a humildade e verás crescer os frutos da amizade.

CAPÍTULO 43

«Se tens um plantel de 24 jogadores e só podes jogar com 11, tens 13 inimigos. É preciso multiplicar esses 13 inimigos por quatro: os pais, as esposas e os filhos dos suplentes.»

J. B. TOSHACK

Esta brilhante reflexão do treinador galês que, como jogador do Liverpool, ganhou três Ligas e duas Taças da Europa, recai sobre um dos aspectos mais ingratos da função do líder.

Pelas razões que Toshack explica, um treinador de futebol jamais poderá agradar a todos, mas não é preciso sentar jogadores no banco para que isso suceda. Qualquer pessoa se encontrará na sua vida com a reprovação dos outros e um dos sinais de maturidade é não se angustiar perante o facto de não o poder remediar.

O psicólogo, e autor de grande êxito, Wayne W. Dyer calculou que cinquenta por cento das pessoas com quem convivemos discorda das nossas opiniões ou desagrada-lhes a nossa forma de ser ou de agir. Não há problema nenhum.

O lado positivo de o saber, segundo Dyer, é que quando nos encontramos com alguém que não concorda connosco não nos sentimos magoados. Apenas pertencem aos cinquenta por cento do grupo que pensa de outra maneira.

Assumido que metade das pessoas nunca nos entenderá, vejamos a questão de outro ângulo. Com quantas pessoas não estamos de acordo? Devemos transmitir-lhes a nossa opinião?

Depende de com quem o fazemos. A prova disso é o próprio Toshack, de quem Paco Jémez conta o seguinte episódio:

«Um dia, reuniu-nos todos no campo e começou:

– Digam-me o que se passa. Alguém que fale, quero saber o que pensam.

Ninguém se atrevia a abrir a boca. Então, Donato, com o seu sotaque brasileiro, disse:

– Mister, eu vou falar. Creio que estamos um pouco perdidos na defesa, não sabemos quando recuar ou adiantar-nos, criamos muita insegurança.

Toshack respondeu:

– Já sei o que temos de trabalhar.

Depois desta conversa, Donato não foi convocado durante três meses. A seguir, se Toshack perguntava se alguém tinha algo a dizer, respondiam todos:

– Sim, Donato.»

Para além de reflectir o carácter autoritário de muitos treinadores, esta história aponta para um facto muito importante. São poucas as pessoas que têm a humildade de considerar as críticas, em especial quando ocupam cargos de responsabilidade e por isso devemos ser cuidadosos ao expressar as nossas críticas.

No que diz respeito ao colérico Toshack, ele próprio se definiu assim:

«NO DOMINGO, ACUSO TODOS OS JOGADORES. NA TERÇA-FEIRA, APENAS OITO. NA QUINTA-FEIRA PENSO QUE OS CULPADOS SÃO SÓ DOIS OU TRÊS. POR FIM, ACABAM POR JOGAR OS MESMOS ONZE SACANAS DE SEMPRE.»

43.ª LEI ESFÉRICA

Procura não fazer críticas, a menos que tas peça alguém capaz de as aceitar.

CAPÍTULO 44

«A experiência leva-te a perceber que jogar em equipa e ser solidário conduz a maiores êxitos.»

CRISTIANO RONALDO

Que podemos dizer do *Comandante* que não tenha já sido dito? É um dos futebolistas mais famosos do mundo, talvez um dos mais completos da história. Possui a técnica de um brasileiro, a velocidade de um jamaicano e a persistência de um alemão. Porém, ele é o orgulho de Portugal e a lenda de todas as equipas por onde tem passado.

Contudo, o seu físico escultural e certa tendência para a gesticulação exagerada, sobretudo no início da carreira, deram-lhe uma injusta fama de jogador narcisista e individualista.

Nada mais longe da realidade!

Cristiano Ronaldo tem perfeita consciência do jogo em equipa e de quão vital é rodear-se de pessoas que, com o seu trabalho e dedicação, nos tornam melhores.

Um bom exemplo disto foi quando CR7 recebeu a Bola de Ouro, prémio de melhor jogador do mundo de 2013, e o comemorou em primeiro lugar com a equipa de fisioterapeutas do Real Madrid. Há mesmo rumores que terá oferecido um carro a cada um deles. Se esta parte é verdadeira ou pertence à mítica que sempre envolve Cristiano Ronaldo, não sabemos. O que sabemos, sem dúvida, é o que disse:

«Fico muito contente porque os adeptos têm-me ajudado muito nos últimos anos. A Bola de Ouro é para as pessoas que trabalham no clube, os roupeiros, os terapeutas e toda a gente que trabalha no Real Madrid. É para todos!»

Cristiano Ronaldo sabe que o futebol, como a vida, é um desporto de equipa e que não se pode jogar sozinho. Todos devemos procurar a nossa equipa, para onde podemos contribuir com as nossas qualidades e que, por sua vez, reduza as nossas lacunas.

Também queremos fazer deste capítulo um desporto de equipa. Para isso recordemos as onze frases mais célebres proferidas sobre a importância do trabalho comum. Com certeza nos inspirarão:

1. «Os jogadores marcam golos, mas as equipas ganham jogos.» ZIG ZIGLAR

2. «São três as coisas que temos de transmitir a uma equipa para a manter unida: "Quando algo corre mal: eu disse-o. Quando algo corre mais ou menos bem: nós fizemo-lo. Quando algo corre muito bem: vocês fizeram-no."» PAUL BEAR BRYANT

3. «É preciso união, não para estar juntos mas para construir algo juntos.» J. DONOSO CORTES

4. «Eu faço o que você não pode fazer e você, o que eu não posso. Juntos, podemos fazer grandes coisas.» MADRE TERESA DE CALCUTÁ

5. «Chegar juntos é o princípio. Manter-se juntos é o progresso. Trabalhar juntos é o êxito.» HENRY FORD

6. «À medida que o desafio aumenta, a necessidade de trabalhar em equipa cresce com ele.» JOHN MAXWELL

7. «A maior vantagem do trabalho em equipa é teres sempre outro ao teu lado.» MARGARET CARTY

8. «Nenhum de nós é mais importante que o resto de nós.» RAY KROC

9. «Você pode desenhar, criar e construir o lugar mais espectacular do mundo, mas são precisas pessoas para tornar o sonho realidade.» WALT DISNEY

10. «Na Carolina do Norte ensinaram-me algo em que acredito com convicção: se os objectivos são pensados e atingidos como equipa, os êxitos pessoais destacam-se por si.» MICHAEL JORDAN

11. «O meu modelo de negócio são os Beatles, que mantiveram as características negativas individuais, mas equilibraram-se uns aos outros e o total foi melhor que a soma das partes.» STEVE JOBS

44.ª LEI ESFÉRICA

Se queres progredir, rodeia-te de pessoas melhores que tu.

CAPÍTULO 45

«Não te peço que defendas as que vão lá para dentro, mas que, pelo menos, não metas as que vão para fora.»

DI STÉFANO

Isto foi o que disse *La Saeta Rubia* ao seu guarda-redes, depois de uma jogada infeliz. Di Stéfano dá todo o sentido ao dito «génio e figura, até à sepultura».

Depois de uma fase de êxito como jogador do Real Madrid, começou a treinar e na época 1969/70 assumiu o comando do Valencia CF que, naquela altura, tinha no plantel José Manuel Pesudo como guarda-redes. Era um jogador tranquilo e bastante seguro, mas de vez em quando encaixava um ou outro «frango» que exasperava o treinador.

A frase em questão foi proferida por Di Stéfano, depois de uma «fífia» em que Pesudo introduziu a bola na própria baliza, isto é, fez um autogolo.

Posto que o objectivo deste manual é utilizar o futebol como metáfora da vida, vejamos em que situações marcamos um autogolo e com ele prejudicamos os nossos interesses.

Em psicologia chama-se autoboicote e o psiquiatra Enrique Rojas explica-o deste modo:

> «Expressões do género: “isso não é para mim”, “não tenho jeito nenhum para línguas”, “já é tarde para isso”, “demasiado

bonito/a para mim", "não estou preparado", "não sou capaz disso"... já foram pronunciadas por cada um de nós alguma vez e contêm a semente do autoboicote, que nos conduz ao fracasso antes mesmo de começar.

Com frequência, temos uma voz interior que nos restringe e marca limites arbitrários para as nossas ilusões, como demonstra o terapeuta argentino Bernardo Stamateas no seu livro *Autoboicot*: quando o tóxico és tu, o nosso eu pessimista chegará a ser um entrave se lhe prestarmos demasiada atenção e pode ser muito mesquinho e baixo já que às vezes nos influencia sem nos darmos conta disso e pode acabar por determinar a nossa vida. Por isso é preciso saber detectá-lo quando em actuação e neutralizá-lo de imediato.

Nas palavras deste autor: "O fracasso pessoal mais profundo, que afecta os seres humanos, é o que constitui a diferença entre o que cada um era capaz de ser e o que na realidade é."»

Para infelicidade das equipas que os sofrem, os autogolos são muito mais frequentes do que acreditamos nas partidas que disputamos na vida diária, o que confirma a afirmação de que não há pior inimigo que o próprio.

Como entoa o cantor de salsa Tony Vega:

«Uno mismo se enreda / Uno mismo se ordena [...] / Uno mismo se encierra y se corta las alas [...] / Uno mismo se odia / Uno mismo se ama [...] / Uno mismo se pierde / Uno mismo regresa / Somos responsables de nuestra felicidad.»

Fica dito. Tal como reclamava o astro argentino, pode acontecer que, neste momento da nossa vida, não estejamos em posição de marcar golos, mas pelo menos não os façamos na própria baliza.

45.ª LEI ESFÉRICA

Deixa de marcar golos na tua baliza
e terás meio jogo ganho.

CAPÍTULO 46

«Na vida nunca podemos dizer que tenhamos conseguido tudo.»

ZICO

Arthur Antunes Coimbra, conhecido em todo o mundo por Zico, foi um dos jogadores mais importantes da história do futebol. Este médio-centro ofensivo, inteligente e de pontapé excepcional, chegou a ser conhecido pelo *Pelé Branco*, comparação totalmente justificada, como demonstram os seus números. Segundo o registo da IFFHS é o médio-centro que mais golos marcou na história dos campeonatos da primeira divisão do mundo, com um total de quatrocentos e seis golos.

Zico, apesar de nunca ter erguido uma Taça do Mundo, tem uma carreira repleta de êxitos, tanto individuais como colectivos. Pode dizer que atingiu e ultrapassou todos os sonhos que qualquer menino que começa a pontapear uma bola possa ter.

No entanto, após ter descalçado as botas, Zico continuou a ter objectivos a atingir e é por isso que os sonhos são tão importantes, porque nos fazem avançar quando estamos realmente atentos.

Todos temos esses sonhos, coisas que sempre quisemos fazer, uma lista de assuntos pendentes com nós próprios. O que acontece é que, com o passar do tempo e a acumulação de responsabilidades e de rotinas, essa lista perde o seu protagonismo. Pouco a pouco vai-se enterrando em algum recanto do nosso interior, mas a lista continua aí, à espera da nossa reacção e de deitarmos mãos à obra.

A Helen Fawkes, jornalista da BBC, foi diagnosticado um cancro num ovário. Contudo, Helen não se deixou abater e decidiu viver minuto a minuto. Desenterrou os desejos, coisas que sempre tinha querido fazer e que pensava que já não faria. Elaborou uma lista de cinquenta desejos e começou apenas a viver os seus sonhos enquanto partilhava as experiências na sua página *web*.

Mas não é preciso que nos dêem uma notícia tão trágica para reagirmos. Podemos começar já! Sim, decidir começar agora. Pode ser que algumas coisas sejam mais difíceis, algumas mesmo absurdas. E então? Façamos a prova. Comecemos com dez. Com certeza o simples facto de elaborarmos esta lista irá ligar-nos aos sonhos, desejos e ambições que acreditávamos ter perdido.

Só por isso já valerá a pena.

LISTA DE COISAS QUE QUERO FAZER:

1. ______________________________
2. ______________________________
3. ______________________________
4. ______________________________
5. ______________________________
6. ______________________________
7. ______________________________
8. ______________________________
9. ______________________________
10. ______________________________

46.ª LEI ESFÉRICA

Hoje é o dia mundial dos sonhos realizados (e amanhã também).

CAPÍTULO 47

«Os jogadores jovens correm, os mais velhos sabem correr.»

CARLOS FABIÁN MALDONADO

Carlos Fabián Maldonado é um venezuelano nascido em Montevideu. Apesar de nascido no Uruguai, formou-se e triunfou na Venezuela até ao ponto de defender as cores da Vinotinto.

Membro do aclamado Carrusel Aurinegro, foi o primeiro venezuelano a marcar um golo à selecção do Brasil. Além disso, Maldonado mostrou os seus dotes de líder e de estratega ao assumir o comando de várias equipas, entre elas a Maracaibo, que tirou de uma profunda crise desportiva para a tornar campeã da Abertura e do Encerramento no ano de 2004.

Como desportista ponderado e inteligente que é, Maldonado sabe que todos temos determinados níveis de energia. Quando somos jovens, chega e sobra e tendemos a fazer esforços injustificados, sentimo-nos poderosos e invencíveis e não pensamos duas vezes quando por exemplo há que fazer um *sprint* para alcançar uma bola que sai pela linha de cabeceira. Felizmente, com o tempo, começamos a calcular se é possível chegar a essa bola ou não.

Este exemplo pode parecer óbvio no âmbito do desporto, mas no nosso dia-a-dia, por vezes, comportamo-nos como se tivéssemos a energia ilimitada da adolescência. Não temos a preocupação de avaliar e gerir, de equilibrar e calcular os níveis de energia.

No Ocidente, onde tudo é profusão, sucede mesmo com o exercício físico nos ginásios.

Todavia, a tradição oriental cultiva o equilíbrio da energia individual para uma melhor relação com o que nos rodeia e com nós próprios.

Neste sentido, é interessante a semelhança com terapias milenárias como o *chi kung* que, a partir de exercícios simples, orienta com propriedade a energia vital, o *QI*, para não a desperdiçar.

Podemos fazer três exercícios muito simples, úteis tanto para começar bem o dia como para terminá-lo e que nos servirão para ajustar a nossa energia.

– Relaxamento

Inspiramos pelo nariz enquanto levantamos os braços até à cabeça. Nesta posição, expelimos o ar pela boca ao mesmo tempo que baixamos os braços. Durante o exercício, devemos tomar conta do relaxamento que sentimos.

– Tonificação

Em pé, levantamos os braços. Enquanto fazemos este exercício, inspiramos pelo nariz e esticamos as pernas. Quando os braços estiverem o mais esticados possível, afastamo-los do corpo e baixamo-los acompanhando este movimento com uma lenta exalação do ar, pela boca, enquanto flectimos os joelhos. É muito importante manter as costas direitas durante todo o exercício.

– Alongamento

Inspiramos pelo nariz enquanto esticamos os braços como se quiséssemos atingir o céu. É importante inclinar um pouco os braços para trás para esticar os joelhos e a coluna. A seguir, dobramos o corpo para a frente deixando relaxar os braços, as pernas e as costas.

47.ª LEI ESFÉRICA

A energia que se perde em coisas secundárias falta-nos a seguir para as importantes.

CAPÍTULO 48

«O futebol é feito de erros porque o jogo perfeito seria 0-0.»

MICHEL PLATINI

Apesar de o autor deste aforismo ser conhecido como presidente da UEFA, desde 2007, como jogador destacou-se pelo seu inigualável pontapé de marcação de livres, além de ser considerado um dos melhores médios da história.

A história de Platini é, acima de tudo, uma história de superação. Em pequeno foi-lhe diagnosticado um problema grave de respiração e um coração frágil, duas limitações que pareciam impedir a prática de um desporto de elite. Contudo, não foi assim.

Aos dezassete anos estreou-se no Nancy, mas partiu a perna esquerda e teve de recomeçar tudo.

Não é necessário lembrar aqui todos os êxitos que conseguiu no AS Saint-Étienne e na Juventus, mas vale a pena recordar o que disse Platini. Os erros e acidentes (e ele sofreu uns quantos) marcam a direcção dos acontecimentos da vida e não sempre para mal.

Isto está bem ilustrado num relato tradicional do Oriente, contado por Hermann Hesse, que vemos a seguir:

> «Um ancião de nome Chunglang, que quer dizer "Mestre da Montanha", tinha uma pequena propriedade na montanha. Aconteceu que um dia um dos seus cavalos fugiu e os vizinhos vieram manisfestar-lhe o seu apoio.

Contudo, o ancião replicou:

– Quem sabe se isso foi uma desgraça!

E a verdade é que, vários dias depois, o cavalo regressou e trazia consigo uma manada de cavalos selvagens. De novo os vizinhos vieram, mas desta vez para o felicitar pela sua sorte.

Mas o velho da montanha disse-lhes:

– Quem sabe se este é um acontecimento feliz!

Como tinham tantos cavalos, o filho do velho dedicou-se a montá-los e um dia caiu e partiu uma perna. Outra vez os vizinhos foram manifestar-lhe a sua solidariedade e de novo o homem retorquiu:

– Quem sabe se isto foi uma desgraça!

No ano seguinte, apresentaram-se na montanha os representantes do Varas Largas. Recrutavam jovens fortes para mensageiros do imperador e para transportarem a sua liteira. O filho do ancião, que ainda se encontrava a recuperar da perna, não foi recrutado.

Chunglang sorria.»

48.ª LEI ESFÉRICA

Há acidentes que são ofertas do destino se estivermos atentos às oportunidades.

CAPÍTULO 49

«O dinheiro permite viver melhor, mas não é o que me motiva. Eu vivo para jogar futebol, não pelos seus benefícios económicos.»

LEO MESSI

Não vamos falar de Messi porque um jogador como ele tem de se ver jogar.

É surpreendente! Único! Mágico!

Mas não menos surpreendente, único e mágico do que o que disse em relação a uma das suas renovações pelo FC Barcelona, que o tornava o jogador mais bem pago do mundo.

Se recebe esta importância astronómica, só ao alcance dos clubes mais ricos do mundo, é porque, simplesmente, faz o que melhor sabe fazer: jogar futebol. Isso, nas suas próprias palavras, inspira-o. Vive para jogar e joga como vive, com tudo, sem deixar nada para a partida a seguir. Podemos vê-lo jogar com a mesma intensidade um jogo de calendário ou a final da Liga dos Campeões.

Sim, Leo faz o que poucos fazem, e não é jogar futebol mas sim o que Sir Ken Robinson chama «o Elemento», como o mesmo autor assegura numa descrição no seu célebre livro:

> «O mundo muda a uma velocidade vertiginosa. É impossível prever como viveremos no futuro, o que sabemos é que será preciso muita imaginação e criatividade para mudarmos

e enfrentar os novos desafios. Descobrir o "elemento" consiste em recuperar capacidades surpreendentes no nosso interior, e desenvolvê-lo dará uma volta radical não só no âmbito profissional como também nas relações, em resumo, na vida.»

A grande notícia é que todos temos algo em que nos evidenciamos. Todos somos Messi em algum aspecto da nossa vida. Para uns pode ser jogar futebol e para outros pintar retratos. É indiferente, se nos centrarmos no nosso «elemento» conseguiremos brilhar enquanto nos realizamos, seremos felizes e, além disso, é muito possível que possamos ganhar muito bem a vida com isso.

Se alguém julga que não possui esse «elemento», que não é particularmente bom em nada, está enganado. Todos temos um «elemento». Podemos começar a procurá-lo através de três perguntas a que devemos responder com sinceridade e espontaneidade:

1. Em que é bom?
2. Que faz sem dificuldade?
3. Que faz quando tem algum tempo livre?

Se conseguirmos identificar o nosso «elemento», desenvolvê-lo e viver focado nele, muda tudo. Como disse Ken Robinson: «Quando fazemos o que nos apaixona e além disso temos preparação para o fazer bem, estamos no nosso "elemento", um estado em que trabalhamos sem cansaço e com grande criatividade.»

Lembre-se que Messi é Messi porque faz o que melhor sabe fazer.

49.ª LEI ESFÉRICA

Antes de investir o seu tempo e as suas energias, descubra qual é o seu elemento.

CAPÍTULO 50

«O que me inspira são os desafios. A minha vida sempre foi assim.»

ROMÁRIO

Reconhecido como um dos melhores avançados da história do futebol. Segundo o próprio jogador, ultrapassou o número de mil golos marcados. O *Baixinho* foi uma lenda fugaz na Europa.

Depois de dois anos deslumbrantes no FC Barcelona, com constantes polémicas devido às suas saídas nocturnas, assinou pelo Flamengo, onde permaneceria cinco temporadas. A seguir, a sua carreira foi-se esfumando noutros clubes até chegar à retirada final.

Este futebolista, que reconhece ter fugido, sempre que pôde, de toda a concentração, fecha a nossa incursão pelos grandes mestres da filosofia esférica com uma frase simples, mas transcendente.

«PRECISAMOS DE DESAFIOS QUE NOS MOTIVEM.»

E, de um modo geral, esses desafios surgem de problemas que temos de enfrentar. O treinador e os jogadores têm de se preparar para travar os atacantes, ultrapassar o obstáculo do meio-campo e fortalecer a defesa para tentar bater o guarda-redes e marcar pelo menos mais um golo do que a equipa contrária. Quase nada!

Benditos problemas já que, graças a eles, gozamos a magia do futebol que inspirou este livro.

O escritor e motivador norte-americano Napoleon Hill reflecte deste modo sobre os problemas e dificuldades:

> «Conhece um só exemplo em que um verdadeiro êxito pessoal ou da vida de alguma personagem histórica não se tenha devido a um problema que teve de enfrentar?
>
> Todos temos problemas porque nós e tudo o que existe no Universo se encontra num constante processo de mudança. A mudança é uma lei natural inexorável.
>
> Importante para si é ter sempre em conta que o êxito ou o fracasso que podem acontecer ao enfrentar os desafios da mudança dependem da sua atitude mental.»

Portanto, dêmos graças aos problemas porque se tornam desafios que nos podem impelir a alcançar coisas com que jamais teríamos sonhado.

É tudo uma questão de atitude. Entrar no campo quotidiano com a ilusão de uma criança que disputa o primeiro jogo da sua vida. Há muito a aprender e muito a ganhar.

Está tudo por fazer.

Problemas, disse? Vamos a eles!

Vamos ganhar esta partida.

50.ª LEI ESFÉRICA

Só vale a pena se é difícil.